人民币跨境流通问题研究

Renminbi Kuajing Liutong Wenti Yanjiu

马荣华 著

西南财经大学出版社

图书在版编目(CIP)数据

人民币跨境流通问题研究/马荣华著.—成都:西南财经大学出版社,2014.5
ISBN 978-7-5504-1343-6

Ⅰ.①人… Ⅱ.①马… Ⅲ.①人民币—金融国际化—研究 Ⅳ.①F822

中国版本图书馆 CIP 数据核字(2014)第 040787 号

人民币跨境流通问题研究
马荣华 著

责任编辑:王正好
助理编辑:高 玲
封面设计:杨红鹰
责任印制:封俊川

出版发行	西南财经大学出版社(四川省成都市光华村街 55 号)
网 址	http://www.bookcj.com
电子邮件	bookcj@foxmail.com
邮政编码	610074
电 话	028-87353785 87352368
照 排	四川胜翔数码印务设计有限公司
印 刷	四川森林印务有限责任公司
成品尺寸	170mm×240mm
印 张	13.25
字 数	225 千字
版 次	2014 年 5 月第 1 版
印 次	2014 年 5 月第 1 次印刷
书 号	ISBN 978-7-5504-1343-6
定 价	39.80 元

内容摘要

随着我国国力的迅速增强和对外经济贸易关系的发展，人民币在周边国家和地区逐渐被广泛使用，成为边境贸易中和某些国家（地区）普遍接受的货币。在1997年的亚洲金融危机中，我国政府承诺人民币不贬值，进一步提高了人民币的国际声誉，人民币开始在境外流通。可以预测，随着我国综合国力的不断增强和对外经济贸易规模的进一步扩大，人民币的境外流通规模将进一步扩大。所以，掌握境外人民币的确切规模，找到人民币跨境流通的原因，了解境外人民币的利率、汇率的形成机制，深入研究人民币跨境流通对我国宏观和微观经济的影响，提出切实可行的对策，就具有重要的实践意义。同时，以往在境外广泛流通的货币都是由发达国家发行的，而且这些国际货币一般都实现了经常项目和资本项目的可兑换。但是，在境外流通的人民币却是由一个发展中的国家——中国发行的，而且人民币资本项目还没有完全开放。因此，对于这个有些特殊的现象进行理论上的解释也就具有一定的理论意义。

本书共有八部分内容。第一部分是导论，介绍本书的研究背景；第二部分（第一章）是人民币跨境流通的基本情况介绍；第三部分（第二章）是对人民币境外流通规模的估计；第四部分（第三章）是对境外人民币利率和汇率形成机制的研究；第五部分（第四、五章）是对人民币境外流通原因的研究；第六部分（第六、七、八、九章）是对人民币跨境流通对我国经济影响的研究；第七部分（第十、十一章）是对策研究；第八部分（第十二章）是结论。全书的具体内容安排如下：

导论：主要说明本书所做研究的选题意义、研究背景、研究思路、逻辑结构、研究方法和主要创新点。

第一章：介绍人民币境外流通的一些基本情况，主要是人民币在境外流通的区域范围、人民币流进流出的途径、人民币在境外使用的情况和人民币跨境流通的特点。

第二章：对境外流通人民币规模进行估计。首先介绍现有的对一国货币境外流通规模的估计方法，主要是直接估算法、境外“缺口”估计法、季节法和生物计量法；然后建立了一个估计人民币境外流通规模的简单模型，估计出了1988—2012年每年在境外流通的人民币的数量。

第三章：研究境外人民币利率和汇率的形成机制。目前在中国香港特区，人民币的利率变动具有和一般离岸金融市场不同的特点：第一，香港特区人民币利率的变动主要取决于人民币资金的供给，因为需求是很稳定的；第二，香港特区人民币利率的变动具有上下限，上限是中国人民银行深圳市中心支行支付给香港特区银行业的同业利率减去香港特区银行业经营人民币存款业务的可变成本，下限是内地银行的人民币存款利率减去套利成本。境外人民币汇率的变动具有以下特点：第一，境外居民用外币购买人民币的汇率的变动具有上下限，上限为内地经营外汇业务的银行用人民币兑换外币的汇率减去套汇成本，下限是内地外汇市场的银行用人民币兑换外币的汇率加上香港银行经营人民币兑换业务的可变成本；第二，引起境外人民币汇率变动的主要原因是境内人民币汇率的变动、人民币资本项目的开放程度、人民币与外币的相对利率水平、国内资本外逃的数量和国际社会对人民币汇率的预期；第三，境外人民币汇率的波动幅度小，和内地人民币汇率水平非常接近；第四，境外人民币汇率偏离内地人民币汇率的变动，主要反映了市场对人民币汇率预期的变动。

第四章：从国际货币演变历史的角度探讨决定一国货币在境外被接受的主要因素，然后对国际货币的这些特点进行理论上的分析。

第五章：研究人民币跨境流通的原因。首先对这个问题进行定性研究。研究表明，人民币跨境流通的原因有：第一，人民币逐渐具有国际货币的一般特征；第二，人民币具有一些特殊优势；第三，制度上的原因。

然后进行实证分析。实证分析表明影响人民币境外流通最重要的因素是我国的通货膨胀率，其次是我国的经济总量占世界经济总量的比率，最后是人民币的汇率水平。无论是在长期还是在短期，人民币汇率水平和我国的物价水平对人民币境外流通规模都有较大的影响，但是我国经济总量占世界经济总量的比率对人民币境外流通规模只有长期影响，不存在短期影响。

第六章：研究货币国际化对其发行国的经济影响。本章在对国际货币作收益与成本分析的基础上，进一步研究了影响国际货币收益和成本大小的因素和货币境外流通规模对国际货币收益和成本大小的影响。

第七章：研究人民币跨境流通对我国的正面经济影响，包括正面的宏观经济影响和正面的微观经济影响。宏观层面上的正面经济影响有：第一，铸币税收入；第二，宏观经济政策上的灵活性；第三，为我国创造更好的国际经济交易环境；第四，政治上的权力和声望；第五，有利于加强我国“两岸四地”之间的经济贸易联系；第六，有利于我国产业结构升级和技术进步；第七，国内物价更加稳定；第八，有利于我国利率和汇率的市场化改革；第九，有利于香港经济的发展；第十，有利于我国边境地区经济的发展；第十一，推动人民币的完全可兑换进程；第十二，有利于缓解我国外汇储备增长过快的压力。微观层面上的正面经济影响有：第一，有利于我国外贸企业的发展；第二，有利于我国企业对外投资；第三，规模经济效应；第四，有利于我国金融机构的发展；第五，有利于居民消费者福利的提高；第六，一些从事人民币与外币汇兑的民间金融机构获利丰厚；第七，有利于我国金融机构降低货币的流动性风险。

第八章：研究人民币跨境流通对我国的负面经济影响，包括负面的宏观经济影响和负面的微观经济影响。宏观层面上的负面经济影响有：第一，影响我国货币政策的独立性；第二，约束我国宏观经济政策的应用；第三，巨额人民币的非法流出对我国经济产生严重的不良影响；第四，境外人民币的利率和汇率会冲击境内人民币的利率和汇率；第五，影响我国国际收支的统计；第六，向其他国家提供外汇储备的负担；第七，人民币跨境流通会引起我国的利率、汇率和收入的频繁波动；第八，影响我国对资本项目管制的效果；第九，使我国的地缘政治关系恶化；第十，伪造人民币现象将更趋严重。微观层面上的负面经济影响有：第一，企业经营环境恶化；第二，金融机构经营风险加大；第三，输出人民币的机构和个人面临亏损的风险；第四，投资境外证券市场的机构和个人面临很大的风险；第五，境内证券市场的投资者面临的风险加大；第六，从事边境贸易的企业面临假币的风险加大。

第九章：对人民币境外流通对我国的经济影响进行实证分析。结论是人民币境外流通对我国经济的内部均衡既有有利影响也有不利影响，人民币境外流通对我国经济的外部均衡只有有利的影响，在境外流通的人民币中，通过非法途径流出的人民币占有一定的比例。

第十章：研究增加人民币境外流通收益的对策之一——扩大境外流通人民币的规模。首先分析了为什么要扩大人民币境外流通的规模；其次从人民币境外流通原因的角度研究扩大人民币境外流通规模的策略；再次，建立一个完美动态博弈的模型，分析外汇储备规模对促进人民币境外流通的影响；最后，从货币搜寻理论模型和国际贸易中定价货币选择理论模型的角度，分别研究了促进人民币在境外充当交易媒介和促进人民币在境外充当定价货币的策略。

第十一章：研究增加人民币境外流通收益的对策之二——增加既定规模境外人民币的净收益。首先研究了扩大既定规模境外人民币的总收益的策略，其次研究了降低既定规模境外人民币的总成本的策略。

第十二章：结论，对全书的主要观点进行概括。

Abstract

Along with the rapid enhancement of our country's national strength and the development of the foreign economic and trade relations, RMB is gradually widely used in the peripheral country and the area, becoming the currency which is generally accepted in the frontier trade and certain countries. In 1997's financial crisis in Asia, the pledge of our government that we do not depreciate RMB further enhanced the RMB international prestige, RMB started to continue its circulation in beyond the border. It can be forecasted that along with the unceasing expansion of our country's comprehensive national strength and the further expansion of the foreign economical trade scale , the scale of RMB beyond the border will further to expand. Therefore, it has important practice significance to grasp the scale of RMB Beyond the border, find the reason of the cross – border movement of RMB, understand the mechanism of the interest rate, and the exchange rate of RMB beyond the border , thoroughly research on the macroscopic and microscopic economy affects of the RMB's interstate flow on our country and propose the truly feasible countermeasure. At the same time, formerly the currencies widespread circulated beyond the border all were issued by the developed countries, moreover, these international currencies all have realized their exchangeability in the frequent project and the capital project, but, RMB circulated beyond the border is issued by a development country ——China, moreover, RMB has not realized its exchangeability in its capital project completely, therefore, it also has some certain theory significance to carry on the theoretically explanation o this special phenomena.

This paper has eight parts of contents. The first part is the introductory remarks which introduce research background of the paper; The second part (first chapter) is the basic situation's introduction of the interstate circulation of RMB; The third part (second chapter) is the estimation of the scale of RMB beyond the border; The fourth part (third chapter) is the research on the formation mechanism of the interest rate and the exchange rate of RMB beyond the border; The fifth part (fourth and five chapters) is the research on the reason of the interstate circulation of RMB; The sixth part (sixth, seventh, eighth and ninth chapters) is the research on the economy influence of the interstate flow of RMB; The seventh part (tenth and eleventh chapters) is the research on countermeasure; The eighth part (12th chapter) is a conclusion. The concrete content of the full text is arranged as follows:

The introductory remark: it mainly show the significance of this article's topic, the research background, the research mentality and the logical organization, the research method and the main innovation spots.

First chapter: Firstly, it introduce some basic situations about RMB beyond the border, which mainly concludes the region scope, the way of the RMB's flowing in and flowing out , the situation about the use of RMB beyond the border and the interstate circulation characteristics; Then, it carries on the narration about the literature about the interstate circulation of RMB and points out the existing research deficiencies.

Second chapter: it carries on the estimate of the scale of RMB beyond the border. Firstly, it introduces some existing methods to estimate the scale of a country's currency beyond the border, which mainly are direct method, the boundaries "gap" beyond border's estimating method, the season method and the biology measurement method; then, it established a simple model for estimating the scale of RMB beyond the border and estimated every year' s RMB quantity

Beyond the border between 1988 - 2012.

Third chapter: It researches on the formation mechanism of the interest rate and exchange rate of RMB beyond the border. It is pointed out that at present, the change of Hong Kong RMB interest rate is different from the general shore money market. They are: Firstly, the change of Hong Kong RMB interest rate is mainly decided by the supply of RMB fund supplies, because the demand is very stable; Second, the interest rate of Hong Kong RMB has the lower and upper limit. The upper limit is the interest rate paid by the Shenzhen center sub - branch of the People's Bank of China for the banks in Hong Kong subtracts the variable cost , the lower limit is the RMB deposit interest rate in the inland banks subtracts the arbitrage cost. The characteristics of the exchange rate of RMB beyond the border as follows: First, the exchange rate of RMB beyond the border has its lower and upper limit. The upper limit is the exchange rate obtained by the inhabitant from inland subtracting the arbitrage cost , the lower limit is the exchange rate obtained by the banks in Hong Kong from inland adding on the variable cost; second, the reasons of the change of the exchange rate of RMB beyond the border are: the change of the RMB exchange rate Within the boundaries, the opening degree of the RMB capital project, the difference of the interest rate between RMB and other foreign currencies , the quantity of the domestic escaping capital and the anticipating exchange rate of the international society; Third, the fluctuation margin of the exchange rate of RMB beyond the border is narrow , small and extremely near to the exchange rate level of RMB with inland; Fourth, the deviation of the exchange rate of RMB beyond the border to the RMB exchange rate inland is mainly reflected the change of the anticipating exchange rate of the market.

Fourth chapter: It is discussed from the angle of the evolution history of the international currency that what are the primary factors which decide a currency is accepted beyond the border. Firstly, some common characteristics of the international currency are induced, Then, we carries on the theoretically analysis to these characteristics of the international currencies.

Fifth chapter, we research the reason of the RMB interstate movement. First we conduct the qualitative investigation to this question. The research indicates that the reasons of the RMB's interstate circulation are: First, RMB gradually has the general characteristics of the international currency, Second, RMB has some special superiorities, Third, there are some system reason. Then, we carry on the real positive analysis. The positive analysis indicates that the most important factor which makes RMB circulate beyond the border is our country's inflation rate, the next is the ratio of our country's economic output accounting for the world total economics quantity, the final is the exchange rate of RMB. Both in a long time and in a short time, the exchange rate and our country's price level have tremendous influence on the scale of RMB beyond the border, But, the ratio of our country economic output accounting for the world total economics quantity has only the long - term influence on the scale of RMB beyond the border, does not have the short - term influence.

Sixth chapter research the economical influence on the issuing country of the currency internationalization. On the foundation of the income cost analysis to the international currency , this chapter has further studied the factors that decide the size of the income and cost of the international currency and the influence on the size of the income and cost of the currency scale beyond the border.

Seventh chapter, we research the positive economical influence of the RMB's interstate movement, including the positive macroscopic economical influence and the positive microscopic economical influence. The research pointed out that in the macroscopic stratification the positive economical influences are: first, the seigniorage income, second, the macroeconomic policy flexibility, third, creating a better international environment of the economy transaction for our country, fourth, political authority and prestige, fifth, being advantageous to strengthen the economical trade relation of "two banks and four places" in our country, sixth, being advantageous to the promotion of the industrial structure and the technology advancement in our country, seventh, making the domestic price stabler, eighth, being advantageous to the marketability reform of interest rate and the exchange rate in our country, ninth, being advantageous to the development of the economy in Hong Kong, Tenth, being advantageous to the development of the economy in the frontier area of our country, 11th, impeling the completely exchangeable advancement of RMB, 12th, alleviating the pressurethe of the excessively quickly growth of our country foreign exchangereserve. The positive economical influences in the microscopic stratification plane are: first, being advantageous to the foreign trade enterprise's development in our country, second, being advantageous to the foreign investment of the enterprises in our country, third, the economical scale effect, fourth, being advantageous to the development of the financial organs in our country, fifth, being advantageous to the enhancement of the inhabitant consumer welfare, sixth, some folk financial organs engaged in the remittance between RMB and the foreign currency make a rich profit, seventh, being advantageous for the financial organs in our country to reduce the fluid risk of the currency.

Eighth chapter, we research the negative economical influence of the RMB interstate flow, including the negative macroscopic economical influence and the negative microscopic economical influence. The research pointed out that in the macroscopic stratification plane the negative economical influences are: first, affecting the independence of our country' s monetary policy, second, restraining the application of our country' s macroeconomic policy, third, the illegal flowing out of large amount RMB produces seriously bad affects on our country' s economy, fourth, the interest rate and the exchange rate of RMB beyond the border can attack the interest rate and the exchange rate of RMB within the boundaries, fifth, affecting the statistics of the international payment balance in our country, sixth, the burden of providing other countries foreign exchange reserve, seventh, causing the frequent undulation of our country's interest rate, exchange rate and the income, eighth, affecting our country's control effect to the capital project, ninth, worsening the relationship of our country's geopolitics, tenth, the phenomenon of forging RMB will become more serious. In the microscopic stratification plane the negative economical influence includes: first, worsening the management environment of the enterprises, second, enlarging the risk of the management of the financial organs, third, the organizations and the individuals which output RMB face the risk of loss, fourth, the organizations and the individuals which invest in the stock market beyond the border face very big risk, fifth, the risk of the investors which invest in the stock market within the boundaries is enlarged, sixth, the enterprises engaged in the frontier trade face the more serious risk of the forging RMB.

In the ninth chapter, we carry on the positive analysis to the economical influence of the circulation of RMB beyond the border. The conclusion is that the circulation of the RMB beyond the border has advantageous and adverse influence to the internal balance, but only advantageous influence to the exterior balance . among RMB circulated beyond the border, the one which flows out through the illegal way holds certain proportion.

In the tenth chapter, we research the first methods of increasing the income of RMB circulated beyond the border——expansion the scale of RMB beyond the border. Firstly, we have analyzed why we have to expand the scale of RMB beyond the border; Nextly, from the angle of the reasons of RMB circulation beyond the border we have researched the strategies of expansion the scale of RMB circulated beyond the border; Once more, we have established a perfect dynamic game's model to analyze the influence of the scale of the foreign exchange reserve to the promotion of RMB circulated beyond the border; Finally, we use the choice theory of invoice currency in international trade and the search - theoretic models of international currency to study the strategies to promote RMB to act as the medium of exchange and the invoice currency beyond the border.

In the 11th chapter, we research the second methods of increasing the income of RMB circulated beyond the border——increasing the net income of the fixed scale of RMB circulated beyond the border. First, we studied the strategies of increasing the income of RMB circulated beyond the border; next, we studied the strategies of reducing the total cost caused by the fixed scale of RMB beyond the border.

The 12th chapter is the conclusion, we carry on the summary to the major point of the full text.

目 录

0 导论

0.1 问题的提出

在20世纪80年代初，由于我国推行改革开放的政策，人民币就已经开始在境外流通。从20世纪90年代起，随着我国国力的迅速增强和对外经济关系的发展，人民币在周边国家和地区被广泛使用，成为边境贸易和某些国家中被普遍接受的货币①。在1997的亚洲金融危机中，我国政府在周边国家货币都贬值的情况下承诺人民币不贬值，进一步提高了人民币在境外的声誉，人民币开始在境外持续流通。之后，随着我国综合国力的不断增强，对外贸易和利用外资规模的进一步扩大，以及人民币汇率的稳定，使得人民币的境外流通规模有进一步扩大的趋势。可以预测，随着我国国力的进一步增强和对外经济联系的进一步扩大，客观上必然会促使人民币进一步走向国际化。人民币国际化可以增加我国的铸币税收益，对发展我国的国际贸易和吸引外国投资都有帮助，因此，我国政府也把我国外汇管理体制改革的长远目标定为实现人民币的可自由兑换，进而实现人民币国际化。鉴于人民币已经在境外流通，人民币跨境流通的规模有逐渐扩大的趋势和我国实现人民币国际化的政策目标，掌握境外人民币的确切规模，找到人民币跨境流通的原因，了解境外人民币的利率、汇率的形成机制，深入研究人民币跨境流通对我国宏观和微观经济的影响和提出切实可行的对策就具有重要的实践意义；同时，以往在境外广泛流通的货币都是由发达国家发行的，而且这些国际货币一般都实现了经常项目和资本项目的可兑换，但是，目前在境外流通的人民币却是由一个发展中国家——中国发行的，而且人民币的跨境流通是在人民币资本项目还没有完全开放的情况下就已经出现了的现象，所以，对于这个有些特殊的现象进行理论上的解释也就具有一定的理论意义。

① 有人推测，截至1992年年中，流入越南的人民币已达4亿~6亿元，甚至达10亿元，交易中以数十万元人民币现钞支付的现象已相当常见。越南官方还逐日公布越南盾与人民币的市场比价来指导兑换价格。蒙古也将人民币列为可兑换货币。在老挝、缅甸、中国香港等地，人民币亦能广泛使用。参见：肯彤，等. 边境贸易中的货币流通及结算问题［J］. 金融研究，1992（10-11）.

0.2 研究思路与逻辑结构

1. 研究思路

首先，了解人民币境外流通的现状，包括人民币在境外流通的区域范围、人民币流进流出的途径、人民币在境外使用的情况、人民币跨境流通的特点和人民币境外流通的规模；其次，了解了人民币跨境流通的现状之后，就可以对人民币跨境流通这一现象进行实证分析，包括对人民币跨境流通的原因从理论上作出解释，探讨境外人民币利率和汇率的形成机制和分析人民币跨境流通对我国的经济影响；最后，对人民币跨境流通进行实证分析之后，就有条件来对人民币跨境流通进行规范（对策）分析。

2. 逻辑结构

本书的逻辑结构见图 0.1。

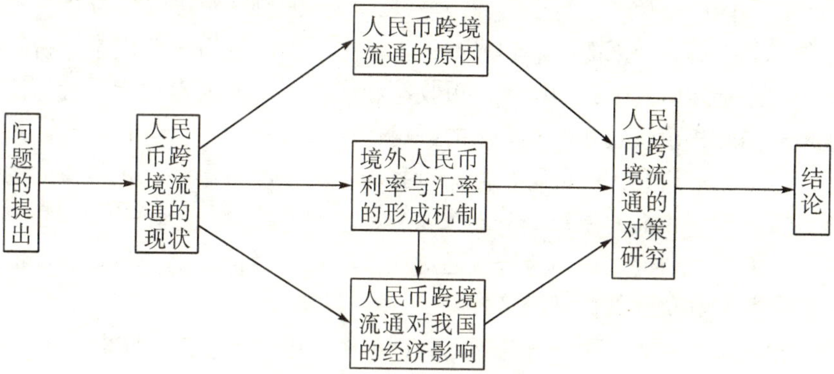

图 0.1 本书的逻辑结构

本书共有八部分内容，第一部分是导论，介绍本文的研究背景；第二部分（第一章）是人民币跨境流通的基本情况；第三部分（第二章）是人民币境外流通规模的估计；第四部分（第三章）是境外人民币利率和汇率形成机制的研究；第五部分（第四、五章）是人民币境外流通原因的研究；第六部分（第六、七、八、九章）是人民币跨境流通对我国经济影响的研究；第七部分（第十、十一章）是对策研究；第八部分（第十二章）是结论。

导论：主要说明本书所做研究的选题意义、研究背景、研究思路与逻辑结构、研究方法和主要创新点。

第一章：介绍人民币境外流通的一些基本情况，主要是人民币在境外流通的区域范围、人民币流进流出的途径、人民币在境外使用的情况和人民币跨境流通的特点。

第二章：对境外流通人民币规模进行估计。首先介绍现有的对一国货币境外流通规模的估计方法并对这些方法进行评价；然后建立了一个估计人民币境外流通规模的简单模型，估计出了1988—2012年每年在境外流通的人民币的数量。

第三章：研究境外人民币的利率和汇率形成机制。

第四章：从国际货币演变历史的角度探讨决定一国货币在境外被接受的主要因素。

第五章：研究人民币跨境流通的原因。首先对这个问题进行定性研究，然后进行定量研究。

第六章：研究货币国际化对其发行国的经济影响。关于这个问题，已经有许多国内外学者进行了研究，但是，现有的研究很多只是分析货币国际化对其发行国带来的收益和成本，本章在对国际货币收益成本分析的基础上，进一步研究了影响国际货币收益和成本大小的因素和货币境外流通规模对国际货币收益和成本大小的影响。

第七章：研究人民币跨境流通对我国的正面经济影响，包括正面的宏观经济影响和正面的微观经济影响。

第八章：研究人民币跨境流通对我国的负面经济影响，包括负面的宏观经济影响和负面的微观经济影响。

第九章：对人民币境外流通对我国的经济影响进行实证分析。

第十章：研究增加人民币境外流通收益的对策之一——扩大境外流通人民币的规模。首先分析了为什么要扩大人民币境外流通的规模；其次从人民币境外流通原因的角度研究扩大人民币境外流通规模的策略；再次，建立一个完美动态博弈的模型，分析外汇储备规模对促进人民币境外流通的影响；最后，从货币搜寻理论模型的角度研究了促进人民币在境外充当交易媒介的策略，以及从国际贸易中定价货币的选择理论角度研究了促进人民币在境外充当定价货币的策略。

第十一章：人民币跨境流通的对策之二——增加既定规模境外人民币的净收益。首先研究扩大既定规模境外人民币的总收益的策略，其次研究降低既定规模境外人民币的总成本的策略。

第十二章：结论。对全书的主要观点进行概括。

0.3 研究方法

（1）实证分析和规范分析相结合：对人民币跨境流通现状的研究采取实证分析的方法，人民币跨境流通的现状包括境外人民币的规模、人民币跨境流通的原因和经济影响。在实证分析的基础上进行规范分析，探讨我国对待人民币跨境流通应该采取的对策。

（2）定性分析和定量分析相结合：在研究人民币跨境流通的原因和人民币跨境流通对我国经济的影响时，首先进行定性分析，然后是定量分析。

（3）归纳法和演绎法相结合：在研究人民币跨境流通的原因时，首先从国际货币演变的历史中归纳出国际货币的共同特征，然后使用演绎的方法应用归纳出来的国际货币共同特征来研究人民币跨境流通的原因。

（4）计量分析法：本书在对境外人民币规模的估计、对人民币跨境流通原因和人民币跨境流通对我国经济的影响的研究中都使用了计量分析的方法。

（5）博弈分析法：在分析我国的外汇储备规模对人民币境外流通的影响时，建立了一个完美动态博弈的模型。

0.4 本书创新点

（1）建立了一个理论模型对境外流通人民币的数量进行间接估计，估算出了1988—2012年之间每年人民币境外流通的数量。

（2）研究了境外人民币的利率和汇率的形成机制，指出目前中国香港特区人民币的利率变动具有和一般离岸金融市场不同的特点：①香港特区人民币利率的变动主要取决于对人民币资金的供给，因为需求是很稳定的；②香港特区人民币利率的变动具有上下限，上限是中国人民银行深圳市中心支行支付给香港银行业的同业利率减去香港银行业经营人民币存款业务的可变成本，下限是内地银行的人民币存款利率减去套利成本。境外人民币汇率的变动具有以下特点：①境外居民用外币购买人民币的汇率变动具有上下限：上限为内地外汇市场的银行用人民币兑换外币的汇率减去套汇成本，下限是内地外汇市场的银行用人民币兑换外币的汇率加上香港银行业经营人民币兑换业务的可变成本。②引起境外人民币汇率变动的主要原因有：第一，境内人民币汇率的变动；第二，人民币资本项目的开放程度；第三，人民币与外币的相对利率水平。③境外人民币汇率的波动幅度小，和内地人民币汇率水平非常接近。④境外人民币汇率偏离内地人民币汇率的变动，主要反映了市场对人民币汇率预期的变动。

（3）对人民币跨境流通的原因进行实证分析。实证分析的结论是：影响人民币境外流通最重要的因素是我国的通货膨胀率，其次是我国的经济总量占世界经济总量的比率，最后是人民币的汇率水平。无论是在长期还是在短期，人民币汇率水平和我国的物价水平对人民币境外流通规模都有较大的影响，但是我国经济总量占世界经济总量的比率对人民币境外流通规模只有长期影响，不存在短期影响。

（4）对人民币跨境流通对我国的经济影响进行实证分析。分析的结论是：①人民币境外流通对我国经济的内部均衡既有有利影响，也有不利影响；②人民币境外流通对我国经济的外部均衡只有有利影响；③境外流通的人民币中，通过非法途径流出的人民币占有一定的比例。

1　人民币跨境流通的基本情况

1.1 人民币境外流通的区域

目前人民币主要在与我国接壤的国家（地区）流通。我国地域辽阔，边境（海岸）线长，接壤的国家（地区）有俄罗斯、蒙古、朝鲜、越南、缅甸、老挝、泰国、印度、巴基斯坦等国家和中国的香港、澳门、台湾地区。对这些国家和地区而言，人民币已逐步成为一种可接受的货币。在欧盟部分成员国、日本、美国和巴西等拉美国家也可以看到人民币流通。

1.2 人民币跨境流通的主要途径①

人民币跨境流通是市场需求驱动的必然结果，近年来人民币跨境流通的动机日趋复杂，从简单的交易需求扩大到了交易、投机、价值储备等多种动机。由于目前境内外人民币不能通汇，大额特殊运钞手续繁杂，所以人民币现钞出入境主要是通过非金融渠道，主要方式是出入境人员合法携带和跨境非法走私携带。但是因为目的不同，人民币跨境流通的途径呈现出多样性。

1. 人民币流出境外的主要途径

（1）边境贸易进口支付。

这主要是通过边境小额贸易和边民互市的进口支付流出。边境贸易主要包括边境小额贸易、边民互市和边境经济技术合作，其中边民互市金额小而频繁，无法统计。而边境经济技术合作开展得较晚，规模很小。我国的边贸结算由易货贸易为主发展为美元现钞结算为主。随着人民币影响力不断增强，以人民币结算的边贸有较大增加。由于边境小额贸易在3 000元以下可以免征关税，因此，边境贸易统计数据可能远远低于实际发生额。

---

① 李靖，管涛，何帆．人民币跨境流通的现状及对中国经济的影响［J］．管理世界，2004（9）．

（2）境内居民出境旅游和探亲消费。

这包括出境缴纳关费和境外旅游消费支付等，其中数量较大的是以人民币支付境外消费。近年来，随着收入水平的提高，境内居民出境旅游的人数不断增加，消费能力不断增强。2003 年 11 月 19 日，中国人民银行发布中国人民银行公告［2003］第 16 号，宣布将为在香港特区办理个人人民币存款、兑换、银行卡和汇款业务的银行提供清算安排。内地居民可以持内地银行发行的个人人民币银行卡在香港特区消费和少量提现，可每次在香港特区银行柜台兑换等值 6 000 元人民币的港币或人民币。香港特区人民币业务的推广带动了大量内地居民在香港特区的人民币消费。

（3）境外投资和项目承包等人民币资本流出。

尽管我国与周边国家（地区）的经贸合作主要以货物贸易为主，但以政府项目为主的境外投资也有所增加，私营企业也在境外直接投资建厂。目前对这部分人民币境外投资尚无统计。

（4）找换店、“地摊银行”和地下汇兑等渠道。

在不少周边国家和地区，人民币已成为当地的可兑换货币，找换店、“地摊银行”等非正式金融组织开办了人民币兑换业务和地下汇兑等业务，将人民币作为一种特殊商品进行买卖，为人民币在当地的流通使用提供了市场安排。目前，香港有 100 多家找换店、610 个网点开办了人民币兑换业务。而在中越边境的“地摊银行”约有 600 家，每家拥有的周转人民币现金均在 100 万元以上，在边贸结算和人民币汇率形成中发挥着举足轻重的作用。

（5）境内居民境外赌博、走私和购买毒品支付。

除了有“东方拉斯维加斯”之称的中国澳门特区外，目前越南、缅甸等国境内都有专门针对中国居民开放的赌场，一些内地贪官也往往会把赃款拿往境外赌博或“洗”黑钱。同时，边防缉毒案件中查获的毒资也有人民币。目前赌、毒等地下经济已成为人民币流出的一个重要渠道。

由于人民币在境外没有生息来源和投资用途，流到境外的人民币除极少部分作为周转头寸外，绝大部分流回境内。

2. 人民币流回境内的主要途径

（1）入境旅游和探亲消费支付。例如，每到周末，北上内地的香港特区居民人数均在万人以上，基本携带人民币入境消费。

（2）边境贸易支付流回境内。包括用人民币支付边境贸易及相关手续费用、人民币通过边贸顺差净流入等。据统计，2000 年俄罗斯商人进入我国黑河地区经商缴纳的有关费用就超过 1 500 万元人民币。

(3) 到境内购买资产和直接投资等。如境外居民通过各种渠道入境的人民币购买境内房地产、投资 A 股市场等，以及支付工资、购买设备等，这在珠江三角洲地区较突出。

(4) 通过银行体系流回境内。这主要包括两种情况：一种是境外居民直接在我国口岸金融机构存入人民币，如内蒙古、云南等边境地区的银行可凭对方国家的边民证办理人民币储蓄，其余额甚至占到当地储蓄余额的 1/3 以上。另一种是外方银行将吸收的人民币存款转存至我国境内银行。

1.3 人民币在境外的使用情况①

随着我国边境贸易和边境旅游的发展，人民币在周边国家或地区的使用范围不断扩大。按程度划分，周边国家或地区对人民币的使用有三种类型：

第一种类型是泰国、马来西亚、新加坡、韩国等国家。在这些国家里，人民币的使用主要是伴随着旅游业的发展而发生的。由于大批中国旅游者到这些国家观光旅游，在这些国家出现了可以用人民币兑换该国货币的兑换店，同时在部分商店也出现了允许用人民币购买商品的现象。在这种类型的国家里，人民币只在旅游消费这个狭小的范围内发挥交换媒介的职能。另外，这些国家之所以对人民币产生需求，是因为他们的旅游者也到中国观光旅游，也有人在中国办企业。这样，流出的人民币通常会很快回流我国，人民币在这些国家作为价值储藏的功能不强，停留在这些国家的人民币数量不大。

第二种类型是中蒙、中俄、中朝、中越、中缅、中老等边境地区。在这些地区，人民币的使用是同时伴随着边境旅游和边境贸易的发展而发生的。在硬通货不足和以货易货阻碍贸易发展的情况下，人民币被这些国家接受并用于边境贸易。另外，随着到边境地区旅游的中国旅游者人数的增加，与旅游有关的行业也广泛接受人民币。由于人民币币值稳定，使用范围又比较广，在这些地区不仅出现了在边境旅游和边境贸易中使用人民币

① 李翀. 论人民币区域化［J］. 河北学刊，2002（9）.

的热潮，而且在该地区居民之间的商品交换中也有使用人民币的趋势。在这种类型的国家里，人民币不仅在较广的范围内发挥交换媒介的职能，而且也具有较强的价值储藏的职能，停留在这些地区的人民币数量较大。使用人民币最普遍的周边国家是蒙古国。据估计，在蒙古国境内流通的人民币占了流通货币的50%，在与我国接壤的中蒙边境地区流通的人民币甚至占到了流通货币的80%～90%。

第三种类型是我国的香港和澳门地区。由于内地和港澳地区之间存在着密切的经济联系，每年探亲旅游者众多，人民币的兑换和使用相当普遍。例如，在香港有100多家货币兑换店和近610个网点开办了人民币兑换业务，不少商店报出人民币与港币的汇率并公开表示接受人民币。由于港币可以随时兑换美元，人民币通过港币这个中介实际上已可以随时兑换美元。

1.4 境外人民币流通的特点①

（1）从流通总体状况来看，境外人民币流通呈现出“流量大、存量小”的特点，并且主要以现钞为主。目前，由于缺乏通汇、通兑的正式渠道，人民币境外流通大部分游离于正规的银行体系之外，基本采取现钞的形式。目前境外机构很少开展人民币贷款业务，人民币在境外不能生息，同时，人民币作为计价货币用于国际结算主要集中于边贸比较发达的周边地区，尽管周边地区的一些非正式金融组织如找换店、地摊银行等能吸纳一定的人民币现金，但携钞进入境内消费或转存至内地银行获取利息仍是境外人民币最有利的选择，因此，尽管人民币跨境流通的总体规模不断扩大，但真正沉淀于境外的人民币存量仍然较小。

（2）从发展阶段上来看，人民币跨境流通与我国和周边国家的贸易和经济发展密切相关。人民币境外流通的发展历程基本上可分为三个阶段：20世纪90年代以前的少量流通阶段、20世纪90年代中前期的不断扩大阶段和20世纪90年代后期的显著增加阶段。20世纪90年代以前，我国与

① 李靖，管涛，何帆．人民币跨境流通的现状及对中国经济的影响［J］．管理世界，2004（9）．

周边地区的边境贸易经历了易货→部分易货→现钞结算的发展过程，其中现钞结算主要以美元计价和结算。

进入20世纪90年代以后，随着边境贸易的不断扩大，人民币结算有所增加。随着1992年以后我国改革开放进入新的阶段，对外贸易持续扩大，综合国力不断增强，特别是亚洲金融危机后，人民币坚持不贬值，币值保持稳定，汇率风险小，人民币结算在边境贸易中的比重不断扩大，有的地区甚至超过了90%，使人民币在周边国家和地区享有“第二美元”的美称。甚至，马来西亚和韩国的外汇储备中都持有一定规模的人民币资产。此外，早期人民币流通主要集中在口岸和边贸互市点，现在人民币的流通和使用范围已不局限于周边地区，除了在越南、缅甸、老挝、朝鲜、蒙古、俄罗斯、巴基斯坦、尼泊尔等周边国家作为支付和结算货币被普遍接受外，中国港澳地区、孟加拉国、马来西亚、印度尼西亚、新加坡、菲律宾、韩国等国家和地区已经接受人民币存款和办理其他人民币业务，而在美、英等一些发达国家，人民币也成为当地的可兑换货币，逐日公布与当地货币的比价。

（3）从使用用途、可兑换性来看，人民币跨境流通使用存在一定的区域性差异，并且香港特区已逐渐成为境外人民币流通的中心。人民币境外流通主要集中在两类区域：一类是在中国与蒙、朝、越、缅、俄等边境地区，人民币主要在边贸和旅游消费中充当交易媒介。其中蒙古国境内已经出现人民币替代其本国货币图格里克的现象，境内大约有50%流通的是人民币，在与中国西北五省接壤的地区甚至达到了80%~90%。由于这些国家（地区）一般对资本项目都有不同程度的管制，人民币兑换主要集中在找换店、地摊银行上，处于民间和半公开性质，缺乏法律保障。另一类是在港澳、新加坡地区，人民币流通主要随客流或以单纯的资金流方式出入，而与双边贸易无关，主要往返于两地资本市场之间，即用于旅游、购物消费。由于港澳地区没有资本管制，人民币的兑换具有公开性和合法性，而可兑换性的强弱决定着汇兑成本的大小。随着内地与香港之间的经贸、人员往来日益频繁，香港已经成为人民币境外流通的中心，估计每年人民币境外流通量的80%左右都通过香港地区进行。随着内地为香港银行业开办个人人民币业务提供清算安排，香港的人民币流通规模、存量和人民币业务发展都步入了新阶段。

（4）从动机上看，人民币跨境流通使用主要取决于边境贸易货物流动和人员流动中的交易动机，但投机获利因素近年来有所增加。持币动机一般分为交易和投机动机，在边境贸易中，由于人民币币值稳定，在周边地区基本处于准硬通货地位，持有人民币的动机主要是规避本币贬值风险和交易支付的需要。作为交易中介的人民币境外流通与贸易物流和出境人员流动同步发生，资金流动方向与物流方向相反，与人员流动方向相同。近年来，由于中国经济持续增长，市场上一直存在着较强的人民币升值预期，在周边地区尤其是香港地区，市场对通过持有人民币获得升值收益的需求有所增加，投机因素已成为人民币境外流通的重要动力。

（5）从制度变迁历程来看，人民币跨境流通使用不是金融管理当局主动规划和引导的结果，而是市场力量自发作用的结果。目前人民币的境外流通基本上是非正式的区域化流通，绝大多数处于民间或地下状态。例如，银行和找换店办理人民币兑换在香港都属合法交易，找换店开展的人民币兑换业务量占当地业务总量的97%，甚至有的银行本身还要通过找换店平盘。找换店还通过在两地分设的港币和人民币账户，办理两地间地下汇款业务。香港许多零售商店还接受客户用境内发行的人民币信用卡签单消费，然后将这些账单送到内地，形成人民币信用卡收单业务。尽管我国允许个人携带人民币出入境，但对境外收兑的人民币如何回流缺乏明确的规定，因此，地下钱庄、企业货币互换、超限额携带（或货币走私）成为人民币回流的主要途径。但是，随着人民币境外流通的非正式制度安排不断发展，金融管理当局也在逐步地承认、容许甚至提供正式的制度供给，如双边国家允许边境银行提供金融服务，为人民币流通提供正式的金融安排等。如中国与越南等周边国家签订了货币结算协议，允许对方银行存取对方货币，并提供兑换安排，又如人民银行为香港银行业开办个人人民币业务提供了正式清算安排。在此之前，这些业务实际上已在当地的银行体系之外开展，该清算安排为银行体系满足这部分市场需求创造了条件。可以预期，今后人民币的境外流通将是市场力量与金融管理当局的金融规制不断互动而持续发展的过程。

2 境外流通的人民币[1]规模估计

① 指在境（货币区边境）外执行交易媒介、支付手段和价值储藏功能的人民币钞票。

2.1 本币境外流通的估计方法

2.1.1 了解境外人民币流通规模的意义

政策制定者有许多理由去了解清楚境外到底有多少人民币在流通：

（1）如果境外对人民币的需求量很大，又与境内活动无关，则会给决策当局在理解各个层次的货币供应量的变动时带来困难。

（2）了解了境外对人民币需求量的变化可以减少我国的国际收支平衡表中的错误与遗漏项，目前该项目没有考虑境外人民币流通的因素。

（3）了解境外人民币的流通规模可以使决策者知道从境外获取的铸币税收益的大小，从而有助于他们决定应该投入多少资源去保护这些铸币税收益。比如，应该花费多大的代价去阻止境外人民币的伪造和提高境外流通人民币的质量。

2.1.2 估计境外人民币流通规模的方法

由于有大量的人民币通过非法的渠道运送到境外，而且即使是通过合法渠道运送到境外的人民币的数据也不可能是准确无误的，因此要了解清楚人民币的境外流通规模是困难的。原则上，我们可以知道人民币的总流通量是多少，如果我们运用调查的方法搞清楚境内流通的人民币数量，就能够得出剩余的部分，即境外流通的人民币规模。然而，这种调查由于成本巨大是无法进行的。因此我们只能估计人民币境外流通的规模。

估计境外人民币流通规模的方法有直接法和间接法。①

1. 直接估算法

直接估算法的原理非常简单。首先，人民币向周边国家流出的主要途径可分为（我们用括号中的字符来表示这种流出手段对应的人民币流量）：边境贸易（E_1）、出境旅游或探亲（E_2）、非法交易活动（E_3）（如：毒品走私、赌博等）；其次，人民币从周边国家向中国回流的手段主要是商品贸易（I_1）和信用渠道（I_2）。由以上可知，人民币的净流出量如

① Richard D. Porter and Ruth A. Judson 总结出了 11 种估计境外美元流通规模的方法。参见：The Location of U. S. Currency. How Much Is Abroad [J]. Federal Reserve Bulletin, October 1996.

（2.1）式所表示：

$$Q=\sum_{j=1}^{3}E_j-\sum_{k=1}^{2}I_k=(E_1+E_2+E_3)-(I_1+I_2) \quad (2.1)$$

这种估计方法虽然思路简单，但在实际操作中，相关数据很难获得。如：对于E_2的估计，通常是按照经验，对每个出境游客携带的人民币数量进行估计，再乘以可得的出境人数统计量。这样得到的数据，掺杂了主观的经验估计，有其随意性。再进一步，如E_3项，其交易活动属于法律范围之外，其统计数据也无从获得，所以该项的估计更具有随意性。

总之，用这种直接估计的方法对人民币境外流量进行分析，据有主观性，其误差严重且不可控制。

2. 间接法

间接法有很多种，我们重点介绍其中的四种。

（1）境外“缺口”估计法。

其理论依据如下：人民币流入周边国家的国际化过程，和美元化一样都属于货币替代。而在货币替代发生之前，一国的本币货币供给总量（MD）应该完全取决于其相对应的一些经济变量，如：国内生产总值（GDP）、物价水平（P）、利率（r）、汇率（e）等，而且这种对应关系在一定时期内是比较稳定的。而在一国发生货币替代之后，其MD并不完全对应于上述变量——因为此时的MD只是货币供给总量的一部分，另外一部分必须考虑的是流入该国发生货币替代作用的外币供给量（MF）。而此时，MD与MF之和组成的该国货币供给总量（M）应该与上述宏观经济变量具有前期延续下来的稳定对应关系。我们可以据此推断出M，再减去MD得到一个货币供给量缺口（MGAP），如果估计准确，则外币的供给数量（MF）应该与MGAP相等。

如果依此法估得该国的外币流量，则我们还可依次估计出其他国家该种外币的流量，然后再进行加总，则可得到该种货币在境外的总流量。

（2）M_0/GDP趋势法。

该方法认为如果一国的货币没有境外需求，该国的M_0/GDP会因为非现金支付方式的发展和其他革新而下降。如果一国的货币有境外需求，则我们可以估算出该国的M_0/GDP在该国货币境外流通之前的趋势。具体而言，有

$$\frac{M_0}{GDP}=a+bx^{-n} \quad (2.2)$$

其中x是时间趋势，a可以由和该国有相近的节假日和支付习惯，又没有

对其货币的境外需求的国家估计出来，b 和 n 可以应用最小二乘法找出拟合度最高的值来。用该方程式找出有该国货币境外需求时的 M_0/GDP 趋势值。用该国的 M_0/GDP 的实际值和 M_0/GDP 趋势值之间的差距就可以估计出该国货币此时的境外流通规模。

当然，这种方法没有考虑到利率变动因素对该国货币的本地需求的影响。为了把利率因素考虑进去，我们可以就该国的狭义货币估计一个需求函数，通过不同比例的该国货币的境外持有量，让数据来决定最适合的本地需求函数。境外持有量比例来自可得出最高对数似然值的需求函数。具体来说，该国对狭义货币的需求是实际收入和机会成本（包括实际利率和预期通货膨胀率）的函数。即

$$\log\left(\frac{M-\theta^{*}M_0}{P}\right)=\alpha_0+\alpha_1\log\left(\frac{Y}{P}\right)+\alpha_2\pi+\alpha_3 r+\varepsilon \tag{2.3}$$

其中：M_0为公众持有的货币；M 为名义狭义货币，包括流通货币总额和银行的活期存款；θ 为该国货币境外持有的比例；P 为价格水平；Y 为名义收入；π 为预期通货膨胀率；r 为实际利率。

对该方程式连续作出估计，以找出可以得到最高对数似然函数值的 θ 值。

（3）季节法。

这种方法最早是用来估计美元的境外流通规模的。该方法认为境外持有美元和境内持有美元在某些可以衡量的方面所表现出来的特征是不一样的。货币的可衡量特征，比如 X，是境内持有货币的特征 X^d 和境外持有的货币特征 X^f 的加权平均值。即

$$X=\beta X^d+(1-\beta)X^f \tag{2.4}$$

β 是美国境内流通的美元货币余额占总的本国货币余额的比例，（1 - β）是美国境外流通的美元货币余额占总的美元货币余额的比例。通过观察货币总的流通行为我们可以知道 X，再应用一些数据推出 X^d 或者 X^f，就可以估计出美元的境内流通规模 β 和境外流通规模（1 - β）。

该方法使用美国和加拿大的货币流通特征的季节差异来估计美元的境外流通规模。它有四个假定前提：①美国境内对美元需求的季节特征和加拿大境内对加拿大元需求的季节特征相似；②对美元的境外需求没有明显的季节特征；③对加拿大元的境外需求微不足道，所以对加拿大元的需求都来自境内的需求；④在加拿大境内流通的美元数量不多。在这些假定下，美元的境外流通规模可以通过比较加拿大元流通的季节性特征和总的

（包括美国境内和境外的）美元流通的季节性特征而推导出来。

具体地，我们假设货币供应量的变化是由三方面的原因造成的：趋势循环、季节和噪音。因此，货币供应量的变化可看作趋势循环项、季节项和噪音项的乘积。在没有可以辨别的季节影响的时期，季节项大约是1；在会引起货币供应显著的季节性增加的时期，季节项达到其最大值（肯定大于1），在美国一般出现在圣诞节前后和暑假期间；在这些重要的节假日之后，季节项会快速下降，达到其最小值（肯定小于1）。

在以上的假定下，货币的国内和国外持有可以描述如下：

$$T_tS_t = T_t^dS_t^d + T_t^fS_t^f \tag{2.5}$$

其中，T是趋势项（包括噪音），S是季节项，t代表时间，d代表国内，f代表国外。如果我们用β_t表示货币的国内持有比例，$(1-\beta_t)$表示货币的国外持有比例，则上式可以变为：

$$T_tS_t = \beta_tT_tS_t^d + (1-\beta_t)\ T_tS_t^f \tag{2.6}$$

把方程两边的T_t去掉，得：

$$S_t = \beta_tS_t^d + (1-\beta_t)\ S_t^f \tag{2.7}$$

我们假定国外的季节项总是为1（即假定国外的货币需求不会随着季节的变化而变化），这样就可以把（2.7）式简化为：

$$S_t = \beta_tS_t^d + (1-\beta_t) \tag{2.8}$$

如果给出季节项的值，则方程（2.8）中就只有β_t是未知的。通过计算圣诞节前后货币需求的变化可以获得对该模型的最好估计。我们用S_1表示圣诞节前的季节项，用S_2表示圣诞节后的季节项，用β代替β_t，则会发现货币的国内持有比例为：

$$\beta = \frac{S_1 - S_2}{S_1^d - S_2^d} \tag{2.9}$$

为了把上式计算出来，我们假定加拿大的数据可以用来估计没有美元境外流通情况下的美国国内的货币需求的季节性变化。于是，我们用美国国内总的货币的季节性变化来估计方程（2.9）的分子，用加拿大的相应数据来估计方程（2.9）的分母。

用加拿大的数据来估计假定没有美元境外流通时美国的货币需求的季节性变化的原因主要有两个：首先，加拿大元在加拿大境外流通的规模非常小，基本上可以认为不存在加拿大元的境外流通；其次，加拿大和美国拥有相似的节假日和支付习惯，两地的零售和消费具有相似的季节性。于是，两地对其各自货币的境内需求有相近的季节模式。这种相近性意味着总的对美元的需求和对加拿大元的需求之间的差异很有可能反映了美元的境外需求。还有，美元和加拿大元的单位划分具有相似性，美元与加拿大元之间的双边汇率非常接近 1。

（4）生物计量法。

这种方法来源于生物学家估计动物数量的方法。生物学家与银行家一样，在任意一个时点上只能够观察到（动物或者货币）数量的一小部分。生物学家使用的方法是抓到一个动物的样本，对它们做标记，放掉它们，在以后再抓另一个样本。[1] 假定标记不会影响动物的生存能力，那么做过标记的样本动物在总的动物数量（该数量是未知的）中所占的比例就会等于第二次抓到的动物样本中做过标记的动物所占的比例。比如，如果一个生物学家想估计一个池塘里鱼的数量，他在池塘里抓到 100 条鱼，做上标记后把它们又放回池塘里。然后，他又到池塘里抓 100 条鱼，如果其中有 20 条鱼是上次做过标记的，即有 20% 的鱼是做过标记的。因为他知道总共有 100 条鱼做了标记，于是他就可以认为 100 条是池塘中鱼的总量的 20%，即池塘中鱼的数量为 500 条。

该方法后来被用来估计美元的境外流通规模。为达到此目的，需要有关美元的两类数据：一是美联储现金办公室和地方银行之间货币运输的数据；二是纽约联邦储备银行和外国银行之间的 100 美元面值钞票运输的数据。首先，美联储现金办公室的货币流动数据提供了源源不断的货币“样本”，虽然联邦储备银行在处理货币时不会对货币做标记，但是 1990 年系列之前的美钞可以和 1990 年系列的美钞区别开来。1990 年系列的 100 美元面值钞票嵌了一条安全线，我们可以把 1990 年系列的美钞看成做了标记的动物。当 1990 年之前的美钞回到美联储现金办公室时，它们就会被 1990 年系列的美钞替代，从而做了“标记”。我们知道各个美联储现金办公室一共发行了多少 1990 年系列的美钞，也知道有多少 1990 年系列的美钞在后来又回到了美联储现金办公室。其次，我们知道纽约现金办公室所处理的现金很少是国内银行之间的现金运输，多数是国外银行之间的运输。于是，如果我们能够估计出各个美联储现金办公室所处理的美钞数量，境外流通的美元数量就可以看成纽约储备银行的美钞数量来加以估计。

具体地，任何区域流通的钞票总量 N，都可以用三个已知的量表示出

① 这种方法来源于 19 世纪 90 年代丹麦生物学家卡尔·彼得森（Carl Petersen）。

来：做了标记的（1990 年系列的）钞票总量 M；样本中的钞票数量 n 和样本中做了标记的（1990 年系列的）钞票数量 m。由卡尔·彼得森的方法，我们有：

$$\frac{M}{N}=\frac{m}{n} \tag{2.10}$$

我们可以求出任何一个区域流通的钞票数量 N：

$$N=\frac{n}{m}M \tag{2.11}$$

我们从各个美联储现金办公室流出的 1990 年系列的 100 美元和 50 美元面值的钞票得到 M，从各个现金办公室回收的钞票中得到做了标记的钞票占样本钞票的比率 m/n，因为几乎所有的送往国外和从国外运回的钞票都通过纽约现金办公室，我们暂时假定这个办公室是外国池，而其他所有办公室合在一起构成国内池。我们用方程（2.11）估计出除纽约之外的全美国流通的货币量 N_{xny}，然后估计出全美国（包括纽约）流通的货币量 N_d：

$$N_d=N_{xny}\left(1+\frac{pop_{ny}}{pop_{xny}}\right) \tag{2.12}$$

这里的 pop_{ny} 是纽约现金办公室所服务的人口数量，pop_{xny} 是其余的办公室所服务的人口数量。我们有两种方法估计境外美元流通的规模。一是认为美元的流通总量 $\hat{N}=N_{ny}+N_{xny}$，于是境外流通的美元数量 $N_f=\hat{N}-N_d$，境外流通的美元占总的美元流通之比是 $N_f/\hat{N}$。二是直接使用流通中的货币总量 N，境外流通的美元占总的美元流通之比是 N_f/N。

2.1.3 对以上方法的评价

根据我国目前的实际情况，上面介绍的方法都不适用于我国。第一，由于数据收集的困难，直接法具有很大的随意性，同时，通过地下和非法渠道输出的人民币数量无法知道。第二，境外“缺口”估计法。首先，人民币境外流通的地理范围很广，要一一估计这些国家和地区的人民币规模很困难；其次，凡是有人民币流通的地方几乎都有其他外币（特别是美元）的流通，因此，把缺口部分都看成人民币的流通是不可取的。所以“缺口”分析法不适合。第三，M_0/GDP 趋势法。一方面由于人民币境外流通的规模不大，历史也不长；另一方面，在过去的二十多年里，我国的经济体制发生了很大的变化，M_0/GDP 由于支付方式的改进而有持续下降的趋势；同时，由于货币交易范围的扩大（即所谓的货币化过程），也存在上升的趋势，而且，上升的趋势超过了下降的趋势，因此 M_0/GDP 趋势法不适用于我国。第四，我国目前的境外流通的人民币规模不大，人民币的境外流通对我国人民币数量的季节性变化影响很小，而且，境外流通的人民币很大的比例在华人地区，华人地区的节假日和我国非常相似，因此境外流通的人民币和我国流通的人民币具有相似的季节性变化，所以季节法不适合于用来估计境外人民币流通的规模。第五，生物计量法也因为数据收集的困难而无法使用。

2.2 人民币境外流通规模估计——境内“缺口”估计法

2.2.1 思路

我国境内流通的人民币数量和一些宏观经济变量保持着一种稳定的关系，而且这种稳定关系长期保持不变。[①] 具体而言，境内流通的人民币和部分宏观经济变量存在如下的关系：

$$\text{Ln}\left(\frac{M_0}{P}\right)=\alpha_0+\alpha_1\text{Ln}\left(\frac{GDP}{P}\right)+\alpha_2 r+\alpha_3 X+\varepsilon \qquad (2.13)$$

其中：M_0 = 境内现金总额；GDP = 我国的名义国内生产总值；P = 价格水平；r = 我国的实际利率；X = 我国的货币化程度。

方程式左边代表境内需求的流通货币现金，它一般是和国民收入同方向变动，和利率水平反方向变动的，因为利率水平代表持有货币的机会成本，与货币化[②]程度同方向变动。方程式右边第二项是国民收入，使用国内生产总值作代表，第三项是利率水平，使用城乡居民储蓄存款中的一年

① 克鲁格（Krueger）和哈（Ha）、彭文生和施燕玲分别运用类似的方法估计出了斯威士兰对南非货币兰特的需求及香港境外对港币的需求。他们的方程是：$\log[(M-\theta*CU)/P]=\alpha_0+\alpha_1\log(Y/P)+\alpha_2\pi+\alpha_3\gamma+\varepsilon$，其中 CU = 公众持有的货币；M = 名义狭义货币；θ = （兰特）港元境外持有量比率（$0\leqslant\theta\leqslant1$）；P = 价格水平；Y = 名义收入；π = 预期通货膨胀率；r = 实际利率。境外持有量比率是来自可得出最高对数似然值（the maximum of the log likelihood）的需求函数。他们的方程包括了预期的通货膨胀率，但是在我国，预期通货膨胀率对货币需求的影响不显著，故把该项剔除。见克鲁格和哈（1995）及彭文生和施燕玲（2003）。

② 货币化是指通过货币进行的经济活动的比例不断增加。对于中国这样的发展中国家，经济可以分解为两部分：货币化部分和非货币化部分。货币化部分的交易是在市场上实现的，而非货币化的部分是与传统的、物物交换的自给自足经济相联系的。

期定期（整存整取）利率作代表，第四项是描述经济货币化过程的。由于货币化过程不可直接观测，而要做计量分析，必须寻找一个可观测的变量描述货币化过程，这个变量与货币化过程有较高的相关性。例如，城镇人口占总人口的比例、集贸市场的数量和交易量、农民对非农业人口的零售总额、私营和个体商业的销售总额等。这些变量在一定程度上都从不同的角度反映了中国经济的货币化过程。由于我们仅有城镇人口占总人口的比例数据，所以只好选择城镇人口占总人口的比例估计货币化程度。[①] 经济学界一致认为我国的经济货币化进程开始于 1978 年，但是关于我国的货币进程在哪一年结束有争论。易纲（1996）认为中国的货币化进程从 1978 年开始，1985 年到达转折年限，20 世纪 90 年代货币化进程已经基本停滞。谢平（1996）认为虽然 1992 年以后，经济改革向纵深方向发展，各个利益主体之间的矛盾处于突出的时期，体制改革补贴需求巨大，但是经济的货币化程度已经达到顶点。麦金农（1996）认为广义货币占 GNP（国民生产总值）中的比重（M_2/GNP）在 1991 年已达到 97%，政府已经不可能无限制地利用货币发行和国有银行体系贷款，否则，过去 13 年的伟大经济改革就会面临夭折的危险。这就是说，麦金农所认为的货币化转折年限是 1991 年。张杰（1998）的研究表明，货币化进程与国家控制下的金融体制改革有着密切的关系。货币化为国家带来了巨大的货币发行收益，而国家需要一种制度来获取这部分收益，这就是金融制度。但是，随着货币化进程的推进，货币发行收益已不能满足改革的补贴成本，就会出现国家在金融制度改革中的退出，自然货币化进程也就到了转折的年限。张杰进一步分析认为，我国货币化进程转折在 1988 年。另外，世界银行（1996）的分析结果则认为，1994 年是货币化进程的转折点。胡靖和李小宁（2002）认为 M_0 的货币化进程在 1994 年结束。根据这些研究结论，我们可以假定我国的货币化进程在 1992 年结束。假定我国 1958—1977 年之间的货币化程度是 1，1978—1992 年之间的货币化程度使用这些年的城镇人口占总人口比率与 1977 年的城镇人口占总人口比率之比来衡量，认为 1993—2012 年的货币化程度和 1992 年一样。

我们假设人民币的境外流通是 1988 年之后才发生的，于是把我国的数据分为两个时段：①1958—1987 年；②1988—2012 年。使用 1958—1987

① 易纲（1996）、王安兴和孙琼（1997）及〔韩国〕李准晔（1999）使用城镇人口占总人口的比例来描述经济货币化过程，这种办法的缺点是它只能模拟货币化过程的某一部分。

年的数据估计出我国境内需求的货币和宏观经济变量之间的稳定关系，再使用这种稳定关系来推测 1988—2012 年我国境内需求的货币，最后使用我国 1988—2012 年实际供给的货币和推测出来的货币之间的缺口来判断人民币境外流通的数量。相关数据见表 2.1。

表 2.1　　测算境外人民币数量的相关宏观经济数据

年份＼变量	M_0	GDP	R	P	DP	X	$Ln(\frac{M_0}{P})$	$Ln(\frac{GDP}{P})$	r
1958	67.8	1 307	12.78	100.2	0.2	1	4.22	7.17	1.125 8
1959	75.1	1 439	5.46	101.2	0.9	1	4.31	7.26	1.045 6
1960	95.9	1 457	6.12	104.3	3.1	1	4.52	7.24	1.058 1
1961	125.7	1 220	6.12	121.2	16.2	1	4.64	6.91	0.899 2
1962	106.5	1 149.3	6.12	125.8	3.8	1	4.44	6.82	1.023 2
1963	89.9	1 233.3	6.12	118.4	−5.9	1	4.33	7.01	1.120 2
1964	80	1 454	6.12	114.0	−3.7	1	4.25	7.15	1.098 2
1965	90.8	1 716.1	4.86	111	−2.7	1	4.4	7.34	1.075 6
1966	108.5	1 868	3.96	110.6	−0.3	1	4.59	7.43	1.042 6
1967	121.9	1 773.9	3.96	109.8	−0.7	1	4.71	7.39	1.046 6
1968	134.1	1 723.1	3.96	109.9	0.1	1	4.8	7.36	1.038 6
1969	137.1	1 937.9	3.96	108.7	−1.1	1	4.84	7.49	1.050 6
1970	123.6	2 252.7	3.96	108.4	−0.2	1	4.74	7.64	1.011 6
1971	136.2	2 426.4	3.78	107.3	−0.7	1	4.84	7.72	1.044 8
1971	151.2	2 518.1	3.24	107.3	−0.2	1	4.95	7.76	1.034 4
1973	166.1	2 720.9	3.24	108	0.6	1	5.04	7.83	1.026 4
1974	176.6	2 789.9	3.24	108.6	0.5	1	5.09	7.85	1.027 4
1975	182.6	2 997.3	3.24	108.7	0.2	1	5.12	7.92	1.030 4
1976	204	2 943.7	3.24	109.1	0.3	1	5.23	7.9	1.029 4
1977	195.4	3 201.9	3.24	111.3	2	1	5.17	7.96	1.012 4
1978	212	3 624.1	3.24	112.1	0.7	1.021	5.24	8.08	1.025 4
1979	267.7	4 038.2	3.78	114.3	2	1.08	5.46	8.17	1.017 8
1980	346.2	4 517.8	5.04	121.1	6	1.105	5.66	8.22	0.990 4
1981	396.3	4 862.4	5.4	124	2.4	1.149	5.77	8.27	1.03
1982	439.1	5 394.7	5.67	126	1.9	1.147	5.85	8.34	1.037 7
1983	529.8	5 934.5	5.76	128.3	1.5	1.175	6.02	8.44	1.042 6
1984	792.1	7 171	5.76	131.9	2.8	1.311	6.4	8.6	1.029 6
1985	987.8	8 964.4	6.72	143.5	8.8	1.351	6.53	8.74	0.979 2
1986	1 218.4	10 202.2	7.20	152.1	6	1.397	6.69	8.81	1.012

表2.1(续)

变量 年份	M_0	GDP	R	P	DP	X	$Ln(\frac{M_0}{P})$	$Ln(\frac{GDP}{P})$	r
1987	1 454.5	11 962.5	7.20	163.2	7.3	1.433	6.79	8.9	0.999
1988	2 134	14 928.3	7.68	193.4	18.5	1.471	7.01	8.95	0.891 8
1989	2 344	16 909.2	8.64	227.8	17.8	1.493	6.94	8.91	0.908 4
1990	2 644.4	18 547.9	9.915	232.6	2.1	1.505	7.04	8.98	1.078 2
1991	3 177.8	21 617.8	7.92	239.6	2.9	1.503	7.19	9.11	1.050 2
1992	4 336	26 638.1	7.56	252.4	5.4	1.574	7.45	9.26	1.021 6
1993	5 864.7	34 634.4	10.305	285.7	13.2	1.574	7.63	9.4	0.971 1
1994	7 288.6	46 759.4	10.98	347.7	21.7	1.574	7.65	9.51	0.891 9
1995	7 885.3	58 478.1	10.98	399.2	14.8	1.574	7.59	9.59	0.960 9
1996	8 802	67 884.6	9.833	423.5	6.1	1.574	7.64	9.68	1.03.73
1997	10 177.6	74 462.6	7.17	426.9	0.8	1.574	7.78	9.77	1.063 7
1998	11 204.2	78 345.2	5.025	415.8	−2.6	1.574	7.9	9.84	1.076 3
1999	13 455.5	82 067.5	2.888	403.3	−3	1.574	8.11	9.92	1.058 9
2000	14 652.7	89 468.1	2.25	397.3	−1.5	1.574	8.21	10.02	1.037 5
2001	15 688.8	93 714.8	2.25	394.1	−0.8	1.574	8.29	10.11	1.030 5
2002	17 278	105 172.3	2.025	389	−1.3	1.574	8.4	10.2	1.033 3
2003	19 745.9	117 251.9	1.98	388.7	−0.1	1.574	8.53	10.31	1.020 8
2004	21 000	142 394	2.025	403.1	3.9	1.574	8.56	10.47	0.981 3
2005	24 031.7	184 937.37	2.25	406.3	0.788	1.574	8.69	10.73	1.014 62
2006	27 072.62	216 314.43	2.363	410.4	0.099 9	1.574	8.79	10.87	1.022 6
2007	30 375.2	265 810.31	3.285	426	3.66	1.574	8.87	11.06	0.996 25
2008	34 218.96	314 045.43	3.937 5	451.1	5.56	1.574	8.93	11.15	0.983 8
2009	38 245.97	340 902.81	2.25	445.7	−1.35	1.574	9.06	11.24	1.036
2010	44 628.17	401 512.80	2.291 7	459.5	0.000 65	1.574	9.18	11.38	1.022 9
2011	50 748.47	473 104.05	3.291 5	482	4.67	1.574	9.26	11.49	0.986 2
2012	54 659.81	519 322.07	3.5	489.23	0.014 8	1.574	9.32	11.57	1.034 9

注：M_0 = 流通中现金；GDP = 国内生产总值；R = 名义利率（城乡居民储蓄存款一年期定期利率）；P = 价格水平（全国零售物价总指数，1957 = 100）；DP = 通货膨胀率（商品零售价格指数年变动率）；X = 货币化程度（1958—1977 年之间为 1，1978—1992 年为当年城镇人口占总人口比率与 1977 年城镇人口占总人口比率之比，1993—2012 年和 1992 年的相等）；r = 1 + 实际利率（名义利率与通货膨胀率之差）。

资料来源：1985 年之前的 M_0 和 1977 年之前的 GDP 来自《新中国五十年统计资料汇编》（1999 年）；1985 年之后的 M_0、1977 年之后的 GDP、历年商品零售价格指数和城镇人口占总人口比率来自历年的《中国统计年鉴》；历年的名义利率来自每年的《中国金融统计年鉴》。

2.2.2 对第一时段数据的分析（1958—1987 年）

1. 对方程（2.13）中的变量进行单位根检验

由于传统的计量经济学方法对非平稳的时间序列不再适用，利用传统方法对计量模型进行统计推断时，许多参数的统计量的分布不再是标准分布，所做的回归被称为“伪回归”。为克服“伪回归”现象，一般采用处理非平稳序列的方法——协整。其基本思想是：每个变量分别是不平稳的，而线性组合是平稳的，则变量之间被认为有协整关系。这就意味着每个系列就其本身来说有分离的趋势，但是多个变量相联系组合起来，可发现它们之间有长期的、稳定的均衡关系。在做协整检验之前，必须进行单位根检验，以判断各变量的平稳性质。本书采取的单位根检验方法是 ADF（Augment Dikey Fuller）检验法，检验过程是从带趋势和截距项模型、带截距项模型、不带趋势和截距项模型三种模型逐步进行检验。将式（2.13）中的四个变量进行 ADF 单位根检验后，我们得出结论（表 2.2）。

表 2.2　　时间系列 ADF 检验

变量名	ADF 检验值	(t, c n)	麦金农（Mackinnon）临界值
Ln（M_0/P）	-1.396 0	(t, c, 1)	-4.322 6 *
ΔLn（M_0/P）	-4.763 9	(t, c, 1)	-4.338 2 *
Ln（GDP/P）	-5.399 9	(t, c, 1)	-4.322 6 *
r	-3.724 8	(0, c, 1)	-3.685 2 *
X	0.734 7	(t, c, 1)	-4.322 6 *
ΔX	-3.653 5	(t, c, 1)	-3.586 7**

注：t 表示趋势项，c 表示截距项，n 表示滞后变量阶数，* 代表显著性水平为 1%，** 代表显著性水平为 5%。

从表 2.2 可以看出，方程（2.13）中的 Ln（GDP/P）和 r 是平稳的时间序列，Ln（M_0/P）和 X 是非平稳序列，但是它们（Ln（M_0/P）和 X）的一阶差分序列是平稳的时间序列。

2. 协整检验①

一般进行协整检验的方法是恩格尔（Engle）和格兰杰（Granger）提出的EG两步法。然而，当对两个以上变量做协整检验时，这种方法存在一个较大的缺陷：把不同的变量作为被解释变量时，可能检验得出不同的协整向量。因此，本书采用一种多变量协整检验方法——JJ检验法，这种方法是由约翰森（Johansen）和袭琉斯（Juselius）于1990年提出的。该法不仅克服了EG两步法的缺陷，而且做多变量检验时还可以精确地检验出协整向量的数目。检验结果见表2.3。

表2.3　JJ协整检验结果

原假设	特征值	LR统计量	5%临界值	1%临界值
None**	0.741 90	67.239 45	47.21	54.46
Atmost 1	0.544 180	29.314 98	29.68	35.65
Atmost 2	0.225 416	7.316 557	15.41	20.04

注：观测序列有线性确定性趋势并且协整方程（CE）仅有截距，滞后阶数为（1 1）。

从检验结果可以看出这四个变量之间存在协整关系。

3. 回归分析

对方程（2.13）进行回归分析，得到下式。回归结果如表2.4所示。

$$Ln\left(\frac{M_0}{P}\right) = -0.913\,889 + 0.785\,154Ln\left(\frac{GDP}{P}\right) - 2.277\,623r + 2.150\,134X \quad (2.14)$$

表2.4　对方程（2.13）式回归的结果报告

解释变量	回归系数	标准差	T统计量
Y	0.785 154	0.064 561	12.161 5
R	-2.277 623	0.541 568	-4.205 608
X	2.150 134	0.282 372	7.614 551

① 对两个变量进行协整检验的前提条件是，这两个变量必须是同阶单整的，但是，对两个以上的变量进行协整检验时不再要求满足这个条件。

表2.4（续）

评价指标	数值	评价指标	数值
调整的可决系数	0.977 157	DW 统计值	1.268 015
对数似然估计值	24.858 64	F 统计量	414.520 5

注：Y 是真实国内生产总值；R 是实际利率水平；X 是经济货币化程度。

分析表2.4：第一，由于 $t_{0.005}$（26）=2.779，故 Ln（GDP/P）、r 和 X 的系数项的 T 统计量在1%的显著性水平上不为零；第二，在1%的显著性水平下，临界值 $F_{0.01}$（3，26）=4.64，因为 F=414.520 5 > $F_{0.01}$（3，26）=4.64，故模型整体是显著的；第三，调整的可决系数是0.977 157，表明模型在整体上拟合得非常好；第四，DW=1.268 015，给定显著性水平 α=0.05，查表得，在 n=30，k′=3 时，d_L=1.211 4，d_U=1.65，可以近似看作不存在一阶自相关性；第五，真实国内生产总值（Ln（GDP/P））的系数符号是正的，实际利率（r）的系数符号是负的，货币化程度（X）的系数符号为正，表明境内需求的货币现金与国民收入成正比，与利率水平成反比，与经济货币化程度成正比，这些都与理论分析结果一致。

4. 异方差检验（怀特（White）检验）

F 统计量	1.714 766	概率	0.162 610
nR^2	9.272 181	概率	0.158 939

检验统计量　　　nR^2 =9.272 2 < 14.067 1

其中 $\chi^2_{0.05}$（7）=14.067 1 是临界值，因此在5%的显著性水平上，无法拒绝原假设，不存在异方差；所以（2.14）式表示了该时期货币供给总量与其他一些宏观经济变量间存在的稳定关系。我们再对该回归所得的残差项做单位根检验，得到 ADF 检测值为：−4.451 7，对应显著性水平（1%）的临界值为 −3.707 6①。显然，该残差是一个平稳的时间序列。验证了在此回归中的四个变量存在协整的关系，式（2.14）反映了这四个时间序列之间存在的长期均衡关系。

2.2.3　对第二时段 M_0 的分析（1988—2012 年）

把1988—2012 年的数据代入方程（2.14），就可以预测出1988—2012

① 有截距项，没有趋势项，滞后阶数是1。

年之间的 Ln（M_0/P），把预测值和真实值相对比，就可以计算出 1988—2012 年之间的境外人民币占总人民币数量的比率及境外人民币的具体数量。结果见表 2.5。

表 2.5 境外人民币数量

变量 年份	Ln $\frac{M_0}{P}$ 真实值	Ln $\frac{M_0}{P}$ 预测值	境外人民币占总人民币比率（M_0^f/M_0）（单位：%）	境外人民币（M_0^f）
1988	7.01	7.245 4	-26.54	-566.36
1989	6.94	7.223 1	-32.72	-766.96
1990	7.04	7.017 1	2.26	68.754
1991	7.19	7.079 1	10.5	333.67
1992	7.45	7.414 4	3.49	151.33
1993	7.63	7.639 5	-0.955	-56
1994	7.65	7.906 3	-29.21	-2 129
1995	7.59	7.811 4	-24.78	-1 853.98
1996	7.64	7.707 8	-7.02	-617.9
1997	7.78	7.719 1	5.91	601.5
1998	7.90	7.745 4	14.32	1 606.44
1999	8.11	7.847 8	23.07	3 104.18
2000	8.21	7.975 1	20.94	3 068.28
2001	8.29	8.061 7	20.41	3 202.08
2002	8.40	8.126	23.97	4 141.54
2003	8.53	8.240 8	25.12	4 960.17
2004	8.56	8.456 4	9.84	2 066.4
2005	8.69	8.584 2	10.04	2 412.783
2006	8.79	8.675 9	10.79	2 921.135 7
2007	8.87	8.885 1	-1.478	-448.945
2008	8.93	8.984 2	-5.276	-1 805.392 3
2009	9.06	8.935 9	11.68	4 467.129
2010	9.18	9.075 7	9.91	4 422.652
2011	9.26	9.245 6	1.458	739.913
2012	9.32	9.198 4	11.45	6 258.548

注：境外人民币数量的符号为负表示人民币不在境外流通，外币（美元、港币等）在我国境内流通。

将 Ln（M_0/P）的真实值和预测值放在一张图上，我们得到图 2.1。图 2.1 中实线是真实的 Ln（M_0/P），虚线是预测的 Ln（M_0/P）。从图 2.1 中我们可以得到三个结果：

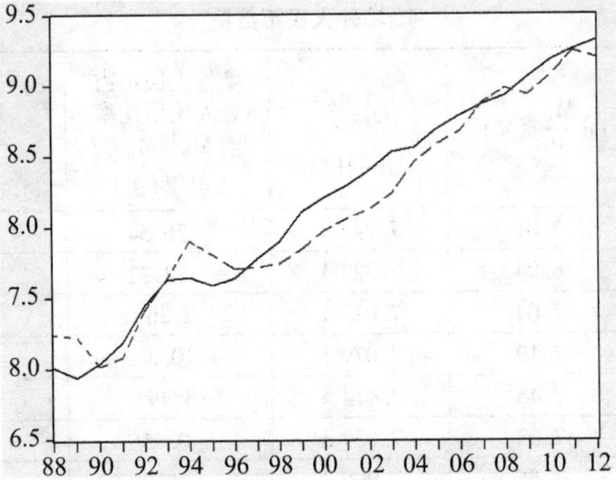

——真实的 Ln $\frac{M_0}{P}$ - - - - - - - 预测的 Ln $\frac{M_0}{P}$

图 2.1　我国货币供给量的缺口

（1）我们看到两者间的缺口在 1996 年之前是不稳定的，在 1988—1999 年之间和 1993—1996 年之间出现了预测的 Ln（M_0/P）高于真实的 Ln（M_0/P）的情况。图 2.2 所示的内容也同样表达了这一情况。这种反常的现象可能是由于估计的误差导致，也有可能是在那几年人民币不在境外流通，相反，外币在我国流通，即出现外币对人民币的替代现象。[①]

（2）1997 年之后的人民币境外流通规模有持续增大的趋势。这种估计结果和国内多数专家的理论分析一致，多数专家认为人民币境外流通是 1997 年的亚洲金融危机之后的现象，那时我国政府对人民币不贬值的承诺极大地提高了人民币的国际信誉。

（3）1990—1992 年期间就出现人民币境外流通，关于这一点目前理论界还普遍感到不能轻易接受。对这一结果的可能解释是：第一，1989 年我国发生“政治风波”，该风波与国内越来越严重的腐败现象有很大的关系，风波

① 外币在我国流通的现象并不奇怪，格林伍德（Greenwood，1990）估计在 1989 年年底有 60 亿港币（按当时人民币的汇率折合人民币为 28.97 亿元）在我国内地（主要是珠江三角洲一带）流通；霍金斯和莱昂（Hawkins，Leung，1997）估计在 2004 年年底有 170 亿港币在我国内地流通（按当时汇率折合人民币为 189.6 亿元）。见（香港）彭文生和施燕玲（2003）。

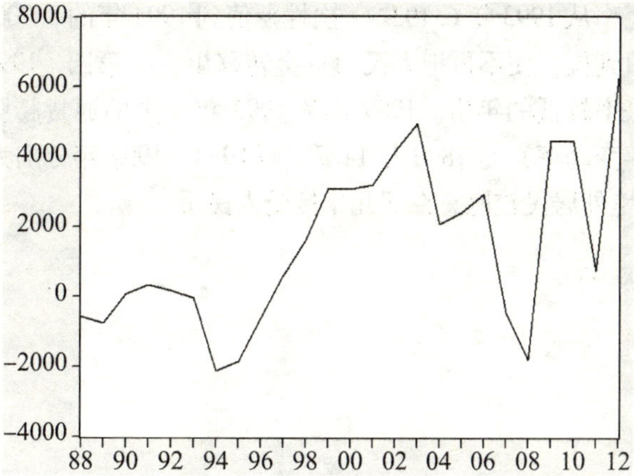

注：（口径：M_0，单位：亿元人民币）

图 2.2　测算所得人民币的境外流通数量

过后，即从1990年开始我国政府加大了反腐败的力度，这一方面使国内腐败分子认为我国未来政治动向不明确，另一方面增加了非法资本投资于国内的成本，从而使腐败分子将他们的非法资本转移至境外。非法资本的转移又导致一些合法资本投资国外，最终导致了我国的部分人民币资金外逃。几年之后，可能由于政治走向明朗，又使得人民币资金外逃减轻或者停止。杨海珍、陈金贤（2002）认为，当一国由于腐败或者其他制度上的原因在国内积累了大量的非法资本，这些非法资本投资策略的选择会影响本国合法资本投资策略的选择。若政府选择加大打击腐败的力度使得非法资本投资于国内的期望收益小于投资于国外的收益，这时非法资本将选择投资国外，这样又会降低国内的税收基础，加重合法资本投资于国内的税收负担。一旦造成预期的国内投资收益率小于国际市场的投资收益率，此时合法资本也会选择对外投资，这样资本外逃将迅速蔓延。① 第二，1990年，北京举办亚运会，考虑到个人特别是外国人入出境的需要，将携带人民币的限额由以前的200元调整为2 000元，但此规定在亚运会结束后随即取消。这也刺激了那几年人民币的境外流通。第三，1990年境内居民预期人民币汇率将要急剧贬值，从而把人民币资金转移到境外兑换成外币（因为那时我国的外汇管理还较严格，在境内人民币与外币之间的兑换还不方便）。1994年人民币汇率并轨，人民币

① 杨海珍，陈金贤．腐败、腐败治理与资本外逃关系的博弈分析［J］．管理工程学报，2002，16（1）：1－4.

对美元平均汇率从1993年6.1932一次性贬值到1994年的8.7000。境内居民认为已经贬值到位，便不再把人民币资金转移出去。第四，1990—1992年是我国通货膨胀率较低的年份。1989年和1993年我国的通货膨胀率（商品零售价格指数年变动率）是18.0和14.7，而1990—1992年分别为3.1、3.4和6.4，这使得境外居民较愿意在那几年接受人民币。

3 境外人民币利率和汇率的形成机制

3.1 境外人民币利率的形成与变动

3.1.1 离岸金融市场利率的一般特点

（1）存贷款利差比在岸市场的要小，原因主要是：

离岸市场金融机构的经营成本更低。[①] 这是因为：①在在岸货币市场上，银行必须根据法定准备金比率的要求将准备金存入中央银行。但是，在离岸货币市场上，银行按照实际需要保留准备金。由于法定准备金比率往往高于实际需要的准备金比率，这意味着在离岸货币市场上银行可贷放的资金要多于在岸货币市场。②在在岸货币市场上，中央银行对法定准备金不支付利息。在离岸货币市场上，银行根据实际需要保留的准备金可以得到利息收益。③在在岸货币市场上，银行接受存款以后，必须向存款保险公司交纳保险金。在离岸货币市场上，银行不需要交纳保险金。④在在岸货币市场上，银行面对着各种各样的贷款申请者，为了降低信用风险不得不支付较高的调查费用。在离岸货币市场上，银行面对的是政府、跨国公司、跨国银行，信用调查费用较低。⑤在在岸货币市场上，银行经营各式各样的存款和贷款，为了降低利率风险不得不支付较高的资产负债风险管理成本。在离岸货币市场上，银行主要接受短期存款和发放短期贷款，稍长时期的贷款通常以展期的方式确定利率，资产负债风险管理成本较低。⑥在在岸货币市场上，银行经营金融业务要按规定缴纳赋税。在离岸货币市场上，银行经营离岸金融业务享受税收优惠。⑦在在岸货币市场上，银行经营数额大小不等的存款和贷款，单位贷款管理成本较高。在离岸货币市场上，银行经营高数额的存款和贷款，单位贷款管理成本较低。

离岸市场的贷款风险更小，所需要的风险回报也就比在岸市场的低。因为在离岸市场借款的大多是各国政府、跨国公司和跨国银行。这些借款人的信誉很高，风险很小。

（2）离岸市场的利率对世界主要国家的利率和汇率的影响很大。这是因为离岸市场经营的货币一般是金融市场非常开放、资金跨境流通非常方便和实行自由兑换国家的货币，因此，由于套利的方便性，离岸市场经营

① 李翀．关于境外人民币利率的预研究［J］．广东社会科学，2002（4）．

的货币对货币发行国的利率和汇率变化以及世界上主要国家的利率和汇率变化非常敏感，利率平价公式成立。

3.1.2 境外人民币利率的决定和变化

1. 境外人民币利率的产生

2003 年 11 月，中国人民银行公告［2003］第 16 号开始允许一些香港银行为在港人民币办理存款、兑换、汇款和银行卡业务。操作规则是：在香港找一家银行为办理人民币业务的其他香港银行进行清算，这家清算行可以在人民银行深圳支行办理人民币存款业务并获取利息。其人民币存款来源仅限于有人民币业务的香港银行吸纳的香港居民个人人民币存款，香港人民币存款利息由香港银行自行确定，清算行可以在我国外汇市场办理人民币与港币的兑换业务，香港人民币存款利率由此产生。

香港人民币存款由 2004 年的 120 亿元人民币上升至 2013 年 10 月底的 7 816 亿元人民币，截止到 2011 年 11 月底，有 77 家持牌银行在香港经营人民币业务，在经营人民币业务的认可机构开设的人民币活期及储蓄存款户口有 2 456 026 个，人民币定期存款户口有 477 726 个。如表 3.1、表 3.2 所示。

表 3.1　　香港人民币存款规模（年底数字） 单位：百万元人民币

年份	活期及储蓄存款	定期存款	总计	经营人民币业务的认可机构数（家）
2004	5 417	6 710	12 127	38
2005	10 620	11 966	22 586	38
2006	12 228	11 175	23 403	38
2007	22 539	10 861	33 400	37
2008	38 118	17 942	56 060	39
2009	40 662	22 056	62 718	60
2010	117 533	197 365	314 938	111
2011	176 398	412 132	588 529	133
2012	123 541	479 453	602 996	139
2013.10	142 522	639 102	781 624	143

注：1. 数据来源于香港金融管理局网站；2. 2004—2012 年的数据是当年 12 月份的，2013 年的数据是当年 10 月份的。

表 3.2　　香港人民币存款利率（%，年率）

年份	1 星期	1 个月	3 个月	6 个月	12 个月	储蓄存款利率
2004	0.51	0.60	0.60	0.69		0.46
2005	0.53	0.64	0.65	0.71		0.46
2006	0.53	0.64	0.65	0.71		0.46
2007	0.53	0.64	0.65	0.71		0.46
2008	0.52	0.63	0.64	0.70		0.46
209	0.55	0.65	0.68	0.73		0.46
2010	0.52	0.67	0.68	0.79	0.81	0.46
2011	0.33	0.46	0.52	0.56	0.58	0.25
2012	0.33	0.47	0.52	0.56	0.58	0.25
2013.11	0.33	0.46	0.53	0.56	0.59	0.25

注：1. 数据来源于香港金融管理局网站；2. 2004—2012 年的数据是当年 12 月份的，2013 年的数据是当年 11 月份的。

2. 目前香港人民币存款利率的形成与变化

（1）目前香港人民币利率的决定。

香港人民币利率决定于在香港人民币市场上对人民币的需求和供给。香港人民币市场对人民币的需求和供给都具有和一般离岸金融市场上对货币的需求和供给不同的特点。从供给方面看，由于香港银行目前只能接受香港居民个人（持香港居民身份证个人）的人民币存款，因此目前香港人民币资金的供给主要来自香港居民个人的用来个人消费的人民币；从对人民币资金的需求方面来看，由于香港银行目前不能把吸收到的人民币存款用作任何形式的贷款和同业拆借，只可以把吸收到的存款存到清算行，清算行再存到在中国人民银行深圳市中心支行开立的人民币清算账户，由深圳中心支行按照中国人民银行的规定支付利息。清算行向参加行按照同一利率支付利息。因此，从严格意义上来讲，香港没有对人民币资金的需求，但是，我们可以把人民银行深圳中心支行允许香港的银行把人民币存放到它那里看作对香港人民币资金的需求。

（2）目前香港人民币利率的变动。

香港人民币利率随着对香港的人民币资金的供给和需求的变动而变动。目前香港人民币的利率变动也具有和一般离岸金融市场不同的特点：

①香港人民币利率的变动主要取决于人民币资金的供给，因为需求是

很稳定的。

②香港人民币利率的变动具有上下限。上限是中国人民银行深圳市中心支行支付给香港银行的同业利率减去香港银行经营人民币存款业务的可变成本，如果高于该利率水平，香港银行将会亏损停业；下限是内地银行的人民币存款利率减去套利成本，如果低于该利率水平，香港居民个人将会把香港的人民币资金转存到内地银行套利。香港人民币利率的决定和变动表现在图 3.1 中。

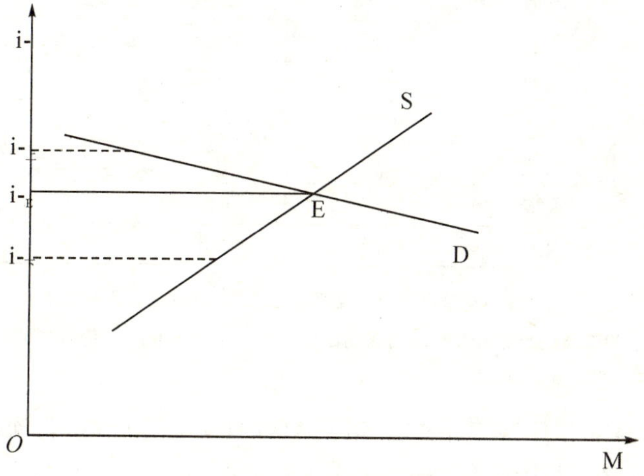

图 3.1　香港人民币利率的决定和变动

内地和香港银行个人人民币存款利率的对比情况见表 3.3。

表 3.3　内地和香港 2004—2013 年人民币存款利率对比情况（%，年率）

年份		储蓄存款利率	3 个月	6 个月	1 年
2004	香港	0.46	0.60	0.69	
	内地	0.72	1.71	2.07	2.25
2005	香港	0.46	0.65	0.71	
	内地	0.72	1.71	2.07	2.25
2006	香港	0.46	0.65	0.71	
	内地	0.72	1.8	2.25	2.52
2007	香港	0.46	0.65	0.71	
	内地	0.72	3.33	3.78	4.14

表3.3（续）

年份		储蓄存款利率	3 个月	6 个月	1 年
2008	香港	0.46	0.64	0.70	
	内地	0.36	1.71	1.98	2.25
2009	香港	0.46	0.68	0.73	
	内地	0.36	1.71	1.98	2.25
2010	香港	0.46	0.68	0.79	0.81
	内地	0.36	2.25	2.5	2.75
2011	香港	0.25	0.52	0.56	0.58
	内地	0.5	3.1	3.3	3.5
2012	香港	0.25	0.52	0.56	0.58
	内地	0.35	2.6	2.8	3
2013.11	香港	0.25	0.53	0.56	0.59
	内地	0.35	2.6	2.8	3

注：1. 香港人民币利率数据来自香港金融管理局网站，内地人民币利率来自中国人民银行网站；2. 2004—2012 年的数据为当年 12 月份的数据，2013 年是当年 11 月份的数据；3. 内地的储蓄存款利率是指活期存款利率。

自 2004 年 2 月 25 日至 2011 年 3 月 30 日，中国人民银行深圳市中心支行给予香港清算行中银香港的一年期存款利率是 0.99%。中银香港和中国人民银行深圳市中心支行之间的交易费率是 0.125%，作为人民币清算行的中银香港将收取 0.125% 的手续费。所以，扣除手续费后，其他参与人民币业务的香港银行尚余下 0.865% 的利率空间来自行拟定，因此，香港银行业最多只能支付给储户 0.865% 的利率，0.865% 就是香港银行业个人人民币存款利率的上限。从表 3.3 可以看出，香港银行业 2004 年 2 月至 2011 年 3 月的任何类型的人民币存款利率水平都没有超过 0.865%。参与行通常会先扣减一定的操作成本，同时留出一定的利润，香港银行给予市民的人民币存款年利率当在 0.5% ~0.7% 之间。不过，因有约 70 家香港银行参与这一业务，竞争激烈，商业银行为扩大市场份额，可以考虑较薄的利润。香港银行业的实际人民币存款利率与 0.865% 之间的差额就是它们的利润。自 2011 年 4 月 1 日起，中国人民银行给予香港清算行中银香港的离岸人民币存款利率由 0.99% 下调至 0.72%，对应中银香港给予香港各银行的人民币存款利率由 0.865% 下降至 0.629%。中银香港收取的手续费用，则由此前的 0.125% 下调至 0.091%，因此自 2011 年 4 月起，香港银行业个人人民币存款利率的上限由0.865%降为0.629%。从表3.3可见，香港银行业任何月份的任何类型的人民币存款利率水平都低于大陆银行的利率，香港银行业的人民币存款利率与大陆银行的利率之间的差额就是套利成本。

引起香港人民币资金供给变动的主要因素有：①内地与香港经济一体化程度，一体化程度提高，供给增加，人民币资金供给曲线右移；②内地银行人民币存款利率，该利率提高，香港人民币资金供给减少，供给曲线左移；③香港市场的港币利率，港币利率提高，香港居民个人会把人民币兑换成港币套利，造成人民币资金供给减少，供给曲线左移；④香港市场对人民币汇率的预期，如果预期人民币即将升值，香港居民个人将会把港币兑换成人民币，使人民币资金供给增加，供给曲线右移。由于目前人民币还没有实现资本项目的自由化，人民币资金在香港和内地的流动还有许多限制，人民币与港币的兑换也有限制。[①] 因此，内地与香港的人民币之间的套利成本比较大，港币利率和人民币预期汇率的变动对香港人民币利率变动的影响也有限。

3. 境外人民币利率的未来发展趋势

（1）对香港人民币资金需求的变动。随着人民币在境外（尤其是香港）流通规模的扩大，香港人民币离岸金融中心终究会形成，到那时，人民币的贷款业务将会产生。人民币不仅会贷给居民用作消费，也会贷给企业用作投资，对人民币资金的需求将会多样化。因此人民币利率的上限将会上移。

（2）随着香港人民币离岸市场的形成，不仅香港的居民和企业会供给人民币资金，其他国家和地区（特别是东南亚的国家和地区）的人民币资金也会被吸引到这个市场上来，因此，人民币资金的供给将会增加。境外人民币利率的重心是上移还是下移将是不确定的，这要看境外对人民币资金的需求和供给两者的变动程度。

（3）以后人民币的资本项目终究要开放，人民币资金跨境流动将更加方便，人民币跨境套利成本将会下降，因此人民币利率的下限将会上移。人民币资本项目开放后，人民币汇率预期的变动对境外人民币利率的变动影响会更大。境外人民币利率对内地人民币利率、港币利率（甚至包括美国等主要国家货币的利率）和人民币汇率预期的变动将会更加敏感，境外

① 中国人民银行公告［2003］第16号规定人民币与港币的兑换条件为：香港居民个人每人每次不超过等值6 000元人民币现钞的兑换，或通过存款户每人每天不超过等值2万元人民币的兑换。

人民币利率的波动性会加大。

3.2 境外人民币汇率的决定和变化[①]

3.2.1 境外人民币汇率的产生

在1993年以前，人民币一直不准在其他国家和地区流通，旅客出境前必须将所有人民币兑换为外币。这项限制在当年3月被取消，个人游客每次出入境均可以携带不超过6 000元的人民币，限额在2005年1月1日提高至20 000元人民币。在这种情况下，境外积累起来的人民币现钞逐渐增加。人民币找换市场也在我国很多邻近地区出现，境外居民认为在他们的原居地把当地货币兑换成人民币要比进入内地后兑换更方便，境外人民币汇率因此产生。2004—2013年香港人民币汇率情况见表3.4。

表3.4　　香港人民币汇率（2004—2013）

1元人民币兑换港币的数量

年份		2004	2005	2006	2007	2008	2009	2010	2011	2012	2013.11
汇率	香港	0.940 0	0.960 1	0.995 5	1.073 6	1.128 2	1.138 5	1.181 6	1.232 5	1.246 0	1.273 7
	内地	1.063 7	1.040 3	1.004 67	0.936 38	0.881 89	0.880 48	0.850 93	0.810 7	0.810 85	0.791 03

注：1. 香港人民币汇率数据来自香港金融管理局网站，内地人民币汇率来自国家外汇管理局网站；2. 2004—2012年的数据为当年年底（12月）数据，2013年的数据是当年11月份的。

境外人民币汇率的种类主要有：

1. 找换店的人民币汇率

找换店（Money Exchange）又叫“两替店”，是专门经营货币兑换业务的商业机构，也就是民办的外汇兑换处。找换店出现很久了，一般认为有好几十年了，香港的“牛记找换店”在20世纪30年代就已经开业，目前仅在香港正式登记的找换店大约就有700家。由于几十年来的传统与惯例，找换店达成交易的成本低，汇率不仅优惠而且不收手续费，找换店人民币与港币的价格无论是买进还是卖出都要好于正式银行，即港币卖出而

① 由于目前人民币在资本项目下是不可兑换的，人民币在境外的汇率主要是外汇兑换人民币的汇率，这里的境外人民币汇率指的就是外汇兑换人民币的汇率。

买入人民币时价格要比银行高，当买入港币而卖出人民币时价格要比银行低。兑换一万元，与银行一般要差几十块钱甚至更多。店家赚的虽然只是买进卖出的一点差价，但“薄利多销”，总盈利还是相当可观的。

2. 香港银行的人民币与港币之间的兑换汇率

从2004年2月25日起，香港的银行在经过内地政府批准后开始经营人民币的兑换业务。[①] 中国人民银行公告［2003］第16号规定人民币与港币的兑换条件为：香港居民个人每人每次不超过等值6 000元人民币现钞的兑换，或通过存款户每人每天不超过等值2万元人民币的兑换，在香港提供购物、餐饮、住宿等个人旅游消费服务的指定商户收取的人民币现钞兑换港币。人民银行授权清算行为参加行办理符合一定条件的人民币兑换业务提供平盘服务。参加行与清算行之间是人民币与港币之间的买卖，汇率通过内地公布的人民币对美元的基准汇率和香港市场港币对美元的市场汇率套算。清算行再根据人民币敞口管理的规定，作为中国外汇交易中心的会员，进入内地银行间外汇市场平盘。一般情况下，清算行可以自由进入内地外汇市场进行港币或美元对人民币的买卖。

3. 新加坡、中国香港、中国台湾等国家和地区存在一种境外人民币的“虚拟”市场，即无本金交割远期外汇交易市场上的人民币远期汇率

无本金交割远期外汇（Non－delivery Forward，简称为NDF）是一种远期外汇交易模式。其做法是交易双方在签订买卖契约时“不需交付资金凭证或保证金”合约，到期时亦不需交割本金，只需就双方议定的汇率与到期时的即期汇率间的差额从事清算并收付。无本金交割远期外汇主要是针对有外汇管制的国家，从事国际贸易的企业为规避汇率风险，所衍生出来的金融避险商品。人民币无本金交割远期外汇的历史可以追溯到1996年。而1997年亚洲金融危机的发生，使得这一业务迅速发展起来。据港交所估计，目前香港人民币无本金交割远期外汇市场每日交易额约为200亿美元。

3.2.2 境外人民币汇率的决定和变动

1. 境外人民币汇率的决定

境外人民币的汇率决定于境外对人民币的需求和供给，见图3.2。

① 实际上在这之前，香港的银行就存在人民币的兑换业务，但是由于业务量太小，后来停止了该业务。

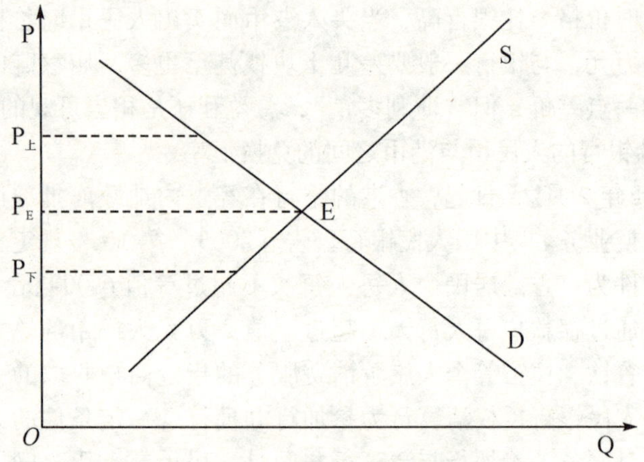

图 3.2　境外人民币的汇率的决定①

注：图中 D 为境外对人民币的需求曲线，S 为境外人民币的供给曲线

境外对人民币的需求主要产生于：①境外个人携带人民币入境旅游。境外居民认为在原居地以当地货币兑换人民币，比进入内地后再兑换要更方便。②境外居民使用人民币从事边境贸易。他们需要在境外筹集人民币进口我国的商品。③境外居民使用人民币到我国投资。本来，境外居民在我国投资只可以使用外币，但是，境外居民在我国内地建立企业后，往往用携带入境的人民币支付工资或原材料费用。④货币替代。我国周边一些国家和地区的货币由于通货膨胀严重，币值不稳定，这些国家和地区的部分居民使用人民币替代当地货币，作为他们在国内交易的媒介。⑤投机需求。由于近年来我国经济增长迅速，国际社会持续预期人民币升值，一些境外居民和机构把持有人民币当作金融投资，企图通过持有人民币来获取人民币升值的好处。⑥非法用途。比如境外毒贩使用人民币向我国的毒贩购买毒品或者进行非法走私等。

境外人民币的供给主要产生于：①我国居民携带人民币出境旅游。②我国居民使用人民币从事边境贸易。由于人民币逐渐被周边国家和地区所接受，我国居民在边境贸易中经常直接使用人民币结算。③我国居民直接使用人民币到境外投资。④非法原因。比如我国毒贩使用人民币购买我国西南边境地区的毒品，内地部分犯罪分子把非法获取的人民币通过“洗”钱的方式转移到境外等。

---

① 汇率的表示方法为用外币来表示人民币的价格，这里的汇率指的是境外居民用外币购买人民币的汇率。

2. 境外人民币汇率的变动

目前，境外人民币汇率的变动具有以下的特点：

（1）境外居民用外币购买人民币的汇率的变动具有上下限。

①境外居民用外币购买人民币的汇率的变动具有上限。[①] 上限为内地外汇市场的银行用人民币兑换外币的汇率减去套汇成本，如果低于该价格，境外居民将会到内地交易以获利，而不愿意在境外兑换人民币。境外不同地区的港币和人民币之间的汇率上限是不一样的，因为境外不同地方的套汇成本是不一样的，由于目前除了在香港有人民币的跨境汇款业务外，其他地方的人民币跨境流通主要是现钞流通，因此，离我国越近的地方的套汇成本就越低，离我国越远的地方的套汇成本就越高。

②境外居民用外币购买人民币的汇率的变动具有下限。[②] 下限是内地外汇市场的银行用人民币兑换外币的汇率加上香港银行经营人民币兑换业务的可变成本，如果低于该汇率水平，香港银行将会亏损停业。

（2）引起境外人民币汇率变动的主要原因有：①境内人民币汇率的变动。境内人民币汇率的上升会引起境外人民币汇率也上升，境内人民币汇率的下降会引起境外人民币汇率也下降。②人民币资本项目的开放程度。人民币资本项目越开放，跨境套汇的成本越低，境外人民币汇率与境内人民币汇率越接近。③人民币与外币的相对利率水平。如果人民币的利率相对外币的利率上升，人们倾向于用外汇购买人民币，以获取人民币较高的利息。这样境外对人民币的需求就会增加，需求曲线向右移，境外人民币汇率将会升值。④国内资本外逃的数量。由于目前我国对资本项目下的资金流动实行管制，国内的合法资金会利用人民币跨境流通的方式外逃。国内资金外逃会增加境外人民币的供给，供给曲线右移，境外人民币资金将贬值。⑤国际社会对人民币汇率的预期。如果预期升值，则境外对人民币的投机需求会增加，导致境外人民币汇率升值。

（3）境外人民币汇率的波动幅度小，和内地人民币汇率水平非常接近。因为在目前人民币还没有实现资本项目的开放，境外对人民币的需求和供给都基本上来自于经常项目的交易，即境外人民币的汇率水平主要是由实体经济决定的，受金融经济的影响较小，实体经济的交易是相对稳定的，所以境外人民币汇率也相对较稳定。

---

① 人民币汇率（人民币的币值）的变动具有上限，也可以说港币的汇率（港币的币值）变动具有下限。

② 也可以说港币的汇率（港币的币值）变动具有上限。

（4）境外人民币汇率偏离内地人民币汇率的变动主要反映了市场对人民币汇率预期的变动。因为目前人民币资本项目没有完全开放，境外对人民币的需求和供给主要来自于商品和服务的交易，以及把人民币当作金融资产进行投机。商品和服务的交易是比较稳定的，因此目前影响境外人民币汇率变动的主要因素除了内地人民币汇率的变动之外，就是对人民币汇率未来走势预期的变动。

3.2.3　境外人民币汇率未来的发展趋势

（1）随着人民币国际化程度的提高，未来境外对人民币的需求和供给都会增加，境外人民币汇率的变动将是不确定的，这要看需求和供给双方的变动程度。

（2）未来境外人民币的汇率水平与内地人民币汇率水平会更加接近，原因是将来人民币的资本项目会开放，跨境套汇会更加方便，套汇成本会下降。

（3）未来境外人民币汇率的波动会更加频繁。人民币资本项目开放后，影响境外人民币的需求和供给的因素将主要不是实体经济，而是金融经济了，金融经济的易变性将会导致境外人民币的汇率波动更加频繁。

4 决定一国货币境外被接受的主要因素

4.1 国际货币演变的历史[①]

我们首先从国际货币演变的历史中找出国际货币演变的缘由，进而概括出决定一国货币能否成为国际货币的主要因素。

4.1.1 中世纪早期

国际货币开始于公元前 5 世纪的古雅典银币德拉克马（Silver Drachma）。

在奥古斯都（Augustus）的货币改革以后，罗马金币奥流斯（Aureus）和罗马银币第纳流斯（Denarius）就取代了德拉克马。[②] 罗马铸币不仅仅在地中海区域流通，而且在整个欧洲流通，甚至在亚洲都有流通。从罗马皇帝尼禄（Nero）（公元 54—68 年）至 4 世纪早期之间，货币成色下降和通货膨胀是经常的事情。货币持续贬值的结果是罗马铸币在罗马帝国以外的地方的可接受性不断下降。银币第纳流斯在其含银量完全消失之后，不再作为国际货币使用，金币奥流斯虽然保持了其成色，但是它的重量减轻，它被更多地作为实物商品按其重量使用，而不是按其面值作为货币来使用。在一系列改革失败之后，罗马皇帝君士坦丁推出了新货币索里得（Solidus），该货币一直在拜占廷铸造，直到该城市在 1203 年被入侵者占领。后来又在尼西亚铸造。索里得是相对较重的纯金铸币，在大额交易中广泛使用，它很快就成为国际货币。希腊人科斯马斯（Cosmas Indicopleustes）描述索里得“在地球的任何角落都被接受和被所有国家的人崇拜，因为没有任何国家的货币可以和它相比”。索里得含有 4.5 克纯金。而且它的含金量从四世纪到 10 世纪中期都变化很小。根据现在市场上黄金的价格，索里得大约值 42 美元。索里得充当国际货币的时间跨度在历史上没有其他国际货币可以和它相比。然而，它并没有在它充当国际货币的整个时期垄断国际货币的地位。从 7 世纪末开始，一些伊斯兰国家铸造了几乎和

① 本书主要介绍国际本位货币演变的历史。所谓国际本位货币，是指在国际经济活动中，世界各个国家出于经济条件或政策上的考虑，用法律的形式将本国货币与之固定地联系起来，作为衡量本国货币价值的标准，以及国际交易的最终清偿手段。

② 关于罗马货币的讨论来自因齐格（Einzig，1962）关于汇率历史的论文。

索里得一样的货币第纳尔（Dinar）。像索里得一样，第纳尔在几个世纪的时间里稳定了它的货币含金量。索里得和第纳尔几乎在相同的时间开始退出国际货币舞台，原因也几乎是一样的。财政紧张导致货币创造的增加，索里得和第纳尔的成色通过两种方式下降：第一，减少铸币的重量；第二，降低其含金的比率。从交易中货币的使用和对货币的信心的角度来看，第一种方式危害更小，铸币的价值可以通过重量来衡量，即使政府不减少其重量，铸币也经常由于使用中的磨损而靠重量来衡量其价值。索里得在10世纪晚期，罗马帝王尼斯福鲁斯·福卡斯（Nicephorus Phocas）（公元963—969年）和约翰一世（John Tzimiskes）（公元969—976年）在位期间，开始减少其重量，一直到11世纪。索里得成色下降的导火线是支持庞大的政府开支。索里得国际货币地位的丧钟在11世纪晚期敲响了，那时索里得的含金比率下降了。第纳尔成色的下降开始于10世纪晚期，原因也是庞大的政府财政赤字。

4.1.2 13世纪的商业革命和欧洲重返金本位制

虽然索里得的流通范围扩展到了北欧，但是它的主要流通领域是地中海地区。北欧和西欧没有出现类似索里得的货币，所以它们的货币经济没有拜占庭帝国和伊斯兰国家发达。但是，在13世纪情况有了变化，13世纪在许多方面都很特别。它是欧洲商业革命的开始，最明显的表现是不仅在欧洲内部，而且在欧洲与世界其他地方之间的贸易额都显著地上升了。它也是金融创新快速发展的时期，包括西欧重新回到金本位制。

以集市为中心的国际贸易在整个欧洲定期举行。这些集市也是外汇交易中心。西欧在1252年重新回到金本位制，那时北意大利出现了两种纯金铸币：热那亚铸造的吉罗琳（Genoin）和几个月之后佛罗伦萨城铸造的佛罗林（Florin）。这两种金币，特别是佛罗林，是世界货币。然而，在15世纪，它们的地位被威尼斯铸造的杜卡托（Ducato）取代。所有这三种金币和另外两种货币一起流通，其他两种货币是小额交易中使用代币和相对大额交易中使用的银币。这些货币之间的兑换比率是变动的。那时的外汇交易非常繁荣，外汇交易中心的汇率显示吉罗林和佛罗林（特别是佛罗林）非常有吸引力并成为了国际货币，原因是所有的货币都对佛罗林贬值。汇率变动的这种趋势是由于这个时期欧洲所有国家的货币成色都下降。和15世纪期间几个欧洲国家银矿的发现以及随后的银币铸造。

4.1.3 从17世纪到现在的国际货币

16世纪以后，国际贸易中心从地中海区域和意大利城邦转移到了欧洲的西北角。首先是安特卫普（Antwerp），然后在16世纪快要结束时忽然转移到荷兰共和国。在随后的世纪里，荷兰的经济高速增长。结果尼德兰联邦（The United Provinces）成了造船业、贸易和国际金融业的世界领袖。荷兰货币也成为17世纪的大部分时期和18世纪的最主要的国际货币。荷兰货币基尔德（Guilder）的上升是个渐渐的过程。在16世纪末，在荷兰共和国有接近800种不同的外国铸币作为货币被接受。到1810年，这个数字接近1 000。在所有这些货币中，基尔德脱颖而出，成了最主要的记账单位和交易货币，其中最重要的原因是17世纪和18世纪基尔德不变的含银量。

在17世纪，荷兰经济增长速度减慢，而英国则加速增长。在那个世纪快结束时，英国开始发展成为金融大国。那时的重要事件是英格兰银行在1694年被英王授予特权。随后英国的商业金融快速发展。在18世纪后半期，伦敦银行的数量增加了接近三倍，而伦敦以外的银行数量甚至增加得更快，从1750年的12家左右增加到1797年的334家，到1810年，又翻了一番。在那个时期，股票交易被正规化了，外汇交易市场也发展得很好。

在18世纪的最后25年，英国取代荷兰成为世界上排名第一的贸易大国，伦敦也取代阿姆斯特丹成为世界上最主要的金融中心。从那以后，英镑一直是相对稳定的货币。虽然这种稳定性在拿破仑战争时期被打破，但是在战争之后英镑很快就恢复了其稳定性，这种稳定性一直持续到第一次世界大战。由于英镑的内在稳定性，更由于英国在世界贸易和金融上的霸权地位，英镑成为了新的国际货币。①

美国在19世纪后期成为世界上经济规模最大的国家。在那个世纪的最后30年，美国的真实国内生产总值超过了英国。然而，英国的金融和货币主导地位却一直持续到第一次世界大战的开始。第一次世界大战爆发后，大量欧洲（包括英国）的黄金流向美国。纽约也就成为了世界的金融中心，享受过去伦敦所享受的地位。在1918年11月第一次世界大战停战后，

---

① 关于英国在1815年其国际金融地位的上升和英镑作为国际货币地位的上升之间的联系的讨论见 Benjamin J. Cohen（1998）。

世界各国就企图恢复到金属货币的正常状态中去。20 世纪的 20 年代早期，在经历了几年螺旋式的通货膨胀之后，许多大国实行了畸形金本位制度。英镑保留了一段时间其作为国际货币和储备货币的部分地位，但是美元在这两个方面的地位都被加强了。而后的资本主义大萧条和第二次世界大战又打破了世界各国的金融和贸易联系。

1944 年的布雷顿森林会议指定美元为固定汇率体系的官方储备货币。第二次世界大战结束后，美元不仅成为了世界各国的储备货币，也被当成国际货币广泛使用，在许多国家的国内交易中，美元也被广泛使用。

由于美国的通货膨胀货币政策，布雷顿森林体系在 1973 年崩溃。许多人认为在以后的浮动汇率制度中，美元的地位会下降，但是历史证明这种观点是错误的。作为储备资产，被世界各国官方持有的美元数量不仅没有下降，甚至还上升了很多。国际上对美元的私人需求也上升了，特别是当美国控制住了其通货膨胀和其他一些国家的通货膨胀恶化时。布雷顿森林体系之后，被当作国际货币使用的货币除了美元外，还有其他一些货币，例如德国马克（后来是欧元）和日元。从各国的外汇储备的币种结构的变化看，美元占的比重最高，在 2002 年为 64. 8%。德国马克在 1989 年达到最高，为 18. 0%。但由于德国的经济在德国统一后逐渐下滑，其比例也逐渐下滑。英镑的比重有逐年微幅上升的趋势，英镑的国际地位仍然不容忽视。日元的比重在 1991 年达到最高，为 8. 7%。之后由于日本经济的泡沫化，日本经济长期陷入低迷不振的困境，日元的国际地位也呈现持续下降的趋势。法国法郎的比重在 1991 年达到最高，为 2. 8%，之后则呈下降趋势。瑞士法郎的比重在 1980 年最高，为 3. 2%，之后呈下降趋势，1996 年之后则维持在 0. 7% 左右。1999 年欧元被正式采用后，到 2002 年时，其占各国外汇储备的比重为 14. 6%。

4. 2 国际货币演变的缘由

从上面对国际货币的简要回顾，我们可以看出一国货币要成为国际货币是要具备一定的条件的。这些条件随着经济环境的变化而有所变化。我们可以从历史上国际货币的主要特点中概括出这些条件来。

4.2.1 国际货币的共同特点

1. 早期国际货币的共同特点

(1) 高的单位价值。我们已经介绍了索里得的含金量。这种情况也适合第纳尔和另外三种意大利的货币。第纳尔大约含有4.25克的黄金，三种意大利铸币大约有3.5克的黄金。根据现在市场上每盎司黄金290美元的价格，第纳尔和三种意大利铸币大约分别值40和32美元。

(2) 价值的内在稳定性。虽然这些国际货币的价值用商品和服务来衡量不停地变化，但是它们都保持了同样的铸币重量和含金的比率。而一旦这些货币的成色被降低了，它们就会被停止当作国际货币来使用。

(3) 都是由经济大国发行的，发行国都非常积极地参与国际贸易活动。

(4) 都是被国际社会简单采用的。所有国际货币都不是被人为有意设计而成的。它们作为国际货币的功能产生于其他的国家随着时间而不断地增加对它们的接受。没有任何法律来规定它们是国际货币，没有召开任何的官方金融会议，没有任何外交部长发布联合公告。借用哈耶克（Hayek）(1967）的话来说，它们成为国际货币是“人类行为的结果，而不是人为设计的结果”。

(5) 发行国家都在政治上稳定、军事上强大。乔治·S. 泰弗拉斯（George S. Tavlas，1998）持这种观点。

2. 晚期（17世纪以后）的国际货币

晚期的国际货币拥有早期国际货币的除了高货币价值之外的所有特点。和早期国际货币不同的地方是，晚期的国际货币多了三个特点：

(1) 它们的发行国家都是金融大国。三种重要的晚期国际货币（基尔德、英镑和美元）的发行国家在当时的国际金融市场上都占据主导地位，它们的金融市场都相对自由。乔治·S. 泰弗拉斯（1998）认为“这三种国际货币的发行国家的金融市场都非常的自由、宽（金融工具品种多种多样）和深（二级市场发展得很好）”。

(2) 晚期的国际货币在数量上呈现多样化的趋势。

(3) 汇率确定方法的两极性：要么是完全由市场来决定的浮动汇率制度，要么是可信度极高的固定汇率制度。在金属货币流通的时代（所有的早期国际货币和部分晚期的国际货币），金属铸币汇率决定的基础是两种货币的金平价，而汇率的波动是完全由市场来决定的。在布雷顿森林体系时代，美元与其他货币（都是纸币）的含金量之比（金平价）是汇率决定的基础，汇率的波动也由市场决定。布雷顿森林体系崩溃后，国际货币（主要是美元、德国马克、后来的欧元和日元）的汇率都由市场来决定，即它们都是实行完全的浮动汇率制度。

4.2.2 理论上的思考

由上面可知，历史上的国际货币的特点有部分是共有的，还有部分是随着时间（经济环境）的变化而变化的。下面我们从理论上来分析国际货币为什么要具有这些特点。

1. 价值的内在稳定性

不管是对于金属货币，还是对于信用货币而言，价值的内在稳定性似乎是国际货币最重要的一个特点。可预期的通货膨胀和变化不定的不可预期的通货膨胀会给货币持有者带来成本。因为，可以预期的通货膨胀会给货币持有者带来成本的原因是在持有货币的期间货币的真实价值在下降。变化不定的不可预期的通货膨胀会带来更大的成本，原因是经济环境更加不可预测了，参与各种经济活动的风险更大了。可以预期的通货膨胀会直接给货币发行者带来收入，因为印刷钞票或者降低铸币的成色就可以创造更高的通货膨胀。奥本海姆（Auernheimer，1974）认为，更加可变的非预期通货膨胀会给货币发行者带来更多的收入，因为非预期的高通货膨胀可以通过印刷更多的钞票和使铸币成色下降更多获得，而非预期的低通货膨胀会产生更高的真实现金余额需求，这种新增加的货币需求可以通过印刷更多的钞票和铸造更多的不足值的金属货币来加以满足。

一个国家可以得到创造低的、可以预期的通货膨胀的名声，也可以获得产生高通货膨胀的名声。虽然当地货币的选择会受到国家法律的影响，但是国际货币的选择却不会直接受这类法律的影响。所以，在决定选择哪种货币作为国际货币时，货币的名声是最为重要的因素。这也是奇波拉（Cipolla，1967）在研究哪些因素决定哪种货币会成为国际货币时，赋予货币的稳定性相当大的权重的原因。

2. 国际贸易

一个国家的货币是否能成为国际货币怎么会和这个国家的国际贸易规模有关系呢？货币的功能理论说明它们之间存在联系。一方面，和贸易直接有关的货币功能包括它的计账单位和交换媒介作用。价格变化的成本（即菜单成本）说明用作计账单位的货币最重要的特点是低通货膨胀性，因为通货膨胀会影响价格改变的频率。另一方面，如果贸易中使用的货币和对商品定价的货币不一样，使用稳定的货币定价带来的收益就很小，因为使用不稳定的货币进行贸易时的实际成交价格还必须通过由该稳定货币所定的价格以及稳定货币（定价货币）和不稳定货币（结算货币）的当前汇率计算出来。一般而言，如果一国参与的国际贸易（尤其是出口）规模很大，该国的价格又比较稳定，那么该国的货币就更有机会充当国际交易的定价货币，从而更有机会充当国际交易中的结算货币。

近期发展起来的货币搜寻理论模型也说明了国际贸易的规模和用作交易媒介的货币的选择有关系。松山、清泷、松井（Matsuyama，Kiyotaki，Matsui，1993），特瑞乔斯、莱特（Trejos，Wright，1996）考察了国际货币的选择问题。在他们的模型中，假定在一个国家，人们可能会相遇，而当他们相遇时，又有可能会进行贸易。模型把一个国家的人在自己的国家里遇见本国家的人的概率和遇见外国人的概率区别开来，遇见本国人的概率要高于遇见外国人的概率。当双方发现贸易对他们都有利时，就会通过商品和货币的交换进行贸易，交换时可能会使用本国货币，也可能使用外国货币。松山、清泷、松井（1993）认为，如果外国的贸易规模更大和遇见外国人的概率更大，那么在均衡时使用外国货币的可能性就更大。简单地说，规模更大和更多地参与国际贸易的国家的货币更有可能成为国际货币。

3. 高的单位价值

虽然货币的单位价值对信用货币的约束要更小，因为信用货币的单位价值的改变很容易。然而，奇波拉却认为货币的单位价值事实上可能是声誉的标志。洛佩斯（Lopez，1951）在讨论早期中世纪的货币时持有类似的观点。他说，显然，苯扎贝特（Bezant）比一块金还多，它是一种象征和信心，是国王向他的国民和大使向世界上其他的国家传递的信息。我们无法使用严格的经济学术语对国家的货币政策作出公正的评价，因为道义和心理上的价值也起作用，这些价值会影响货币的内在稳定性和国家的国际声誉。事实上，在信用货币充当国际货币时，国际社会也趋向持有大面额的钞票。根据一项估计，目前在境外流通的美元也主要是大面值的美钞，美国的100美元面值的钞票有大约四分之三流通在境外。[①] 原因据说是境

① RICHARD D PORTER，RUTH A JUDSON. 美国货币的分布：有多少在国外？［J］. 美联储公告，1996，82（10）：883－903.

外流通的美元主要是用来储蓄的。境外流通的德国马克（现在的欧元）也有类似特点。

4. 自然形成

在金属货币时代，国家不能从货币的发行中获取铸币税，因此国家也就没有很大的动力去促使自己的货币成为国际货币。事实也证明，一个国家的货币在境外被接受是外国人出于自身的利益而采取的。虽然在布雷顿森林体系时代美元有国际协议规定其为世界各国的官方储备货币，但是，这可以看成对既成事实的一种追认。也就是说，即使没有国际协议，美元也会被当成国际货币使用。布雷顿森林体系崩溃后，美元的地位虽然有所下降，但是它仍然是最主要的国际货币，其地位甚至在后来还有所上升。这就说明即使在信用货币时代，国际货币的产生也是自然形成的。在一个国家的内部，该国政府可以通过法律的方式指定国内交易必须使用本国货币，但是，它无法命令国外的人也必须使用它的货币，国际货币的形成一般是市场驱动的过程。同时，由于改变货币需要成本，国际货币的选择也具有一定的惯性成分①。如克鲁格曼（Krugman，1980）就持这种观点。

5. 金融和资本市场

现代的国际货币要求发行国的金融和资本市场非常发达：管制少、国际化、金融工具多、二级市场发达和交易成本低。一方面，现在的国际贸易和投资规模非常庞大，要求有相应的金融市场支持，为国际贸易和投资融通资金、清算和对交易套期保值。另一方面，脱离实体经济的国际资本也迅速膨胀，这些资本要求保值、增值和投机获利。外币有部分是专门用来分散风险的。一个国家输出到境外的货币就像是它卖出去的商品，只有对它售出去的商品提供好售后服务，它的商品才会在以后继续受到欢迎。发行国家的金融和资本市场就是对它输出的货币进行售后服务的部门，金融市场越发达，售后服务的质量就越高，它的货币在以后就越会受到外国人的欢迎。金融市场重要的第二个原因是现代的组合投资理论说明多样化地持有各种金融资产可以分散风险。在该理论的指导下，各国私人和政府持有的这部分外币就是纯粹的金融资产，要求发行国家提供丰富多样的金融品种。

① 为了证明这点，克鲁格曼（1980）举了英国的例子：虽然英国经济的重要性在第一次世界大战之后下降了，但是英镑作为和美元并列的国际货币的地位一直维持到了第二次世界大战中。

6. 经济实力、政治地位和军事力量

货币的境外持有者之所以持有外国货币，是因为他们对国际货币的发行国有信心。发行国家的经济实力强、政治地位高和军事力量大可以增加人们对它的货币的信心，对它的货币币值的稳定性有信心，也会增加持有者心理上的满足程度，因为发行国家的经济、政治和军事实力是一种品牌，使用它们的货币和穿名牌服装有一样的感受。

7. 汇率决定方式的两极性

汇率要么完全由市场来决定，要么通过可信度极高的协议来决定。一方面可以使得汇率不被政府操纵，使外国人对货币的币值放心；另一方面可以避免政府行为的时间不一致性。即如果实行各种中间汇率制度，那么政府为了使外国人多持有它的货币，它开始会承诺它的货币绝对不会贬值，于是外国人放心地持有它的货币，而一旦它的货币被外国人大量持有，政府就有动力为了提高它的商品的国际竞争力对它的货币贬值，根据理性预期理论，外国人一开始就会预期到货币发行国政府会违背其诺言，于是在一开始他们就不会愿意持有该国的货币。这样该国的货币就无法成为国际货币。

8. 国际货币数量上的多样性

从20世纪50年代开始，世界经济出现了区域化的趋势，到目前为止，至少已经形成了三大区域经济体：欧洲联盟、北美自由贸易区和亚太经合组织。在每一个区域性的经济体内部都有一个起主导作用的国家，这个主导国家的货币就会逐渐成为它所在的区域内的国际货币，这就是晚期国际货币多样化的原因。

5 人民币跨境流通的原因

5.1 人民币跨境流通的原因——定性分析

随着经济全球化的进展，世界经济联系越来越紧密了，世界贸易和投资的规模不断扩大。各国在参与经济全球化的过程中，对国际货币的需求越来越大了，这就是人民币在境外流通的市场条件。目前，世界上的国际货币呈现多样化的趋势，如果我们把国际货币看作有价值的产品，那么现在的国际货币市场就是一个垄断竞争的市场，表现在：国际货币的数量越来越大，它们相互之间为瓜分市场份额而竞争，没有一种国际货币具有控制市场的绝对优势；各种国际货币不是一模一样的，它们可以相互替代，但是不能完全替代，原因是它们是由不同的国家发行，在各自的区域内具有一定的垄断能力。人民币要在境外流通，首先，必须具备国际货币的一般特征。其次，由于现在的国际货币有很多，要使境外的人选择人民币作为国际货币而不选择其他的货币比如美元，人民币就必须具有和美元不一样的某些独特的优势。

5.1.1 人民币逐渐具有国际货币的一般特征

我们在前面通过考察国际货币演变的历史得出了国际货币必须具备的一般特征。我们可以分析人民币对这些特征的符合情况。

1. 人民币的发行国——中国的经济实力

在2011年，我国各项主要经济指标在世界上的排名情况是：国内生产总值（GDP）排第二；进出口贸易总额排第二；出口总额排第一；进口总额排第二；外来直接投资（FDI）排第二；外汇储备排第一。这些主要经济指标在近几年世界上排名的情况见表5.1。从表5.1中我们发现我国的主要经济指标在世界上的排名是稳步上升的。另外，据国家统计局数据，2011年中国对外投资净额达到746.540 4亿美元，中国企业对外直接投资存量达42 478.067亿美元，中国企业的对外投资分布在全球160多个国家和地区，中国正在成为对外投资大国。毫无疑问，我国已经成为名副其实的经济和贸易大国。这个经济实力，加上我国作为联合国的五个常任理事国之一的政治大国地位和少数几个拥有核武器的国家之一的军事大国地位，就构成了人民币背后的强大物质支撑。为了使论述更具有说服力，我们对中国的国内生产总值和进出口贸易额和目前主要的国际货币国家的这两项经济指标加以比较。

表 5.1　　近几年我国主要经济指标在世界上的排名

指标（美元）＼年份	1978	1980	1990	1995	2000	2002	2003	2005	2010	2011
GDP	10	11	11	8	6	6	7	5	2	2
进出口贸易总额	27	25	16	12	8	5	4	3	2	2
出口总额	28	28	14	12	7	5	4	3	1	1
进口总额	27	22	17	12	9	2	1	3	2	2
FDI			5	2	9	2	1	4	2	2
外汇储备	38	37	7	5	2	2	2	2	1	1

资料来源：国际统计年鉴（2012）。

（1）国内生产总值的国际比较。

以中国2003年至2012年占全世界国内生产总值的比重和美国、德国、英国、法国及日本在1978年至1987年的数据做比较。[①] 中国除了显著低于美国外，与日本、德国、英国及法国各自的平均值相比较，中国与日本和德国的差距分别为2.02%和0.16%，已经超越了英国和法国3.14%和1.44%（见表5.2）。上述数据显示，与美国、德国、英国、法国及日本过去占全世界国内生产总值的比重相比，中国除了与美国有较大的差距外，与德国、英国、法国及日本已经非常接近甚至超越了。[②]

① 这段时间，美元作为各国外汇储备的比重从67.3%降为56%，国际货币呈现多样化局面。

② 时任国家统计局局长李德水于2004年12月20日在国务院新闻办举行的新闻发布会上说，经济普查后，我国2004年GDP总量从世界第七位上升到世界第六位，占全球当年GDP总量的比重提高到4.4%。李德水同时宣布，将根据经济普查数据，对1993年以来的历史数据进行相应修正，修正之后的我国历年GDP占全球GDP的比重将相应提高。

表 5.2　中国与主要国际货币国家的国内生产总值占全世界比重的比较

（单位:%）

年份	1978	1979	1980	1981	1982	1983	1984	1985	1986	1987	平均
美国	35.58	34.97	34.22	31.27	30.16	29.79	30.52	30.04	28.45	27.41	31.2
日国	6.97	7.13	8.41	9.35	9.23	9.11	9.40	10.22	12.03	10.80	9.27
德国	6.31	6.62	7.12	7.75	7.64	7.60	7.45	7.61	7.92	8.09	7.41
英国	4.22	4.32	4.43	4.08	3.91	4.25	3.76	3.74	3.97	4.46	4.11
法国	5.02	5.08	5.55	5.88	5.59	6.40	6.08	5.93	6.15	6.39	5.81
年份	2003	2004	2005	2006	2007	2008	2009	2010	2011	2012	平均
中国	4.44	4.64	5.11	5.7	6.33	7.23	8.27	9.344	10.48	11	7.25

资料来源：IMF，World Economic Outlook Database.

进一步比较中国、美国、日本、德国、英国及法国之间的国内生产总值。从比较中可以看出，中国在 2011 年的国内生产总值占世界的比重为 10.456%，同期英国、美国、德国、日本及法国的比重分别为 3.474%、21.565%、5.358%、8.382% 及 3.962%（见表 5.3）。① 由表 5.3 可以看出，中国的国内生产总值除了仍然小于美国的比重外，远高于英国、德国、法国及日本。

表 5.3　主要国家的国内生产总值占世界的比重（1990—2011 年）

（单位:%）

国家 年份	中国	英国	美国	德国	日本	法国
1990	1.624	4.607 6	26.167	7.801	14.123	5.66
2000	3.707	4.569	30.619	5.835	14.634	4.102
2005	4.941	4.993	27.508	6.056	10.01	4.678
2009	8.624	3.752	23.954	5.699	8.7	4.526
2010	9.383	3.567	22.883	5.162	8.693	4.037
2011	10.456	3.474	21.565	5.358	8.382	3.962

资料来源：根据 World Bank WDI Database 数据计算得出。

① 通过购买力平价计算得出的国内生产总值，能消除物价与汇率波动造成的影响，进而能够更准确地反映各国 GDP 的真实水平。

(2) 对外贸易的国际比较。

除了在国内生产总值的表现良好外，中国在世界贸易中的重要性也与日俱增。中国的进出口贸易额占世界进出口贸易总额的比重呈现逐年增加的趋势。1978 年，中国的进口和出口额占世界进口和出口总额的比重都为 0.8%。2011 年，这个数字上升为 10.4% 和 9.5%（见表 5.4）。2011 年，中国的进出口总额占世界进出口总额的比重为 9.9%，同时期的美国、日本、德国、英国和法国的比重分别为 10.21%、4.57%、7.43%、3.03% 及 3.57%，由此可以看出我国在世界贸易中的地位已经逐渐地超越了一些主要的国际货币国家。①

表 5.4　我国进出口贸易额占世界进出口贸易额的比重　（单位:%）

年份	1978	1980	1990	2000	2005	2010	2011
出口	0.8	0.9	1.8	3.9	7.3	10.3	10.4
进口	0.8	1.0	1.5	3.4	6.1	9.0	9.5

资料来源：联合国 FAO 数据库、联合国统计司数据库、世界银行 WDI 数据库、国际货币基金组织数据库。

同样地，若拿我国在 2004 年至 2011 年的对外进出口贸易量占世界进出口贸易量的比重和美国、日本、德国、英国及法国在 1980 年至 1987 年之间的比重相比，从平均值来看，我国除了低于美国和德国 5.265% 和 1.005% 外，已经超越了日本、英国和法国（表 5.5）。上述数据显示，随着我国对外贸易量占世界比重的上升，我国已经逐渐跟上甚至超越美国、日本、德国、英国及法国等国家的货币成为国际货币时的对外贸易水平。

表 5.5　中国和主要国际货币国家的进出口总额占世界贸易比重的比较

（单位:%）

年份	1980	1981	1982	1983	1984	1985	1986	1987	平均值
美国	11.28	12.13	12.19	12.66	14.45	14.56	14.26	13.55	13.14
日本	6.62	7.24	7.06	7.30	7.63	7.59	7.58	7.46	7.31
德国	9.18	8.35	8.67	8.59	8.10	8.46	9.74	9.97	8.88
英国	5.85	5.53	5.40	5.36	5.20	5.48	5.59	5.80	5.50

① 以上数据来自世界贸易组织出版的《国际贸易统计》（WTO，International Trade Statistics）。

表5.5(续)

年份	1980	1981	1982	1983	1984	1985	1986	1987	平均值
法国	6.65	6.16	5.98	5.79	5.49	5.67	6.25	6.40	6.05
年份	2004	1905	1906	2007	2008	2009	2010	2011	平均值
中国	5.193	6.66	7.17	7.7	7.88	8.8	9.7	9.9	7.875

资料来源：联合国 FAO 数据库、联合国统计司数据库、世界银行 WDI 数据库、国际货币基金组织数据库。

2. 货币价值的内在稳定性

1997 年爆发亚洲金融危机时，中国政府承诺人民币不贬值。在中国周边国家的货币集体贬值的情况下，我国政府没有违背诺言，坚持了人民币不贬值，这使人民币的国际信誉迅速上升，正是从那以后，人民币才广泛地被境外居民持有。从 1997 年到现在，不管是人民币的对外价值，还是它的对内价值都很稳定。人民币汇率稳中有升，从 2000 年开始，市场对人民币升值的预期很强烈，2005 年 7 月 21 日，我国调整人民币的汇率水平，一次性升值 2%。我国的物价水平稳中有降。人民币价值的内在稳定性极大地提高了境外居民对人民币的信心。如表 5.6 所示。

表 5.6　　人民币汇率的变化和我国的居民消费物价指数（CPI）

年份	2003	2004	2005	2006	2007	2008	2009	2010	2011
人民币汇率	827.70	827.68	819.17	797.18	760.40	694.51	683.10	676.95	645.88
CPI	101.2	103.9	101.8	101.5	104.8	105.9	99.3	103.3	105.4

注：1. 表中的汇率是年平均汇率，中间价，为 100 美元兑换人民币的数字，物价指数是消费物价指数，上年 =100；2. 资料来源：历年《中国统计年鉴》。

3. 人民币的汇率制度

1994 年，我国放弃复汇率制度，实行以市场供求为基础的、单一的和有管理的浮动汇率制度。人民币对美元的浮动幅度为上下千分之三，人民币对其他非美元货币的浮动幅度是上下千分之四。但是，1997 年爆发的亚洲金融危机打断了我国的这种管理浮动汇率制度，我国的汇率制度逐渐转向实际上钉住美元的汇率制度。2005 年 7 月 21 日，我国重新恢复实行管理浮动汇率制度，人民币对美元的波动幅度不变，但是人民币对非美元货币的波动幅度扩大为上下 1.5%。2005 年 9 月 23 日，人民币对非美元的波动幅度扩大至上下3%。由此可见，人民币的汇率制度在朝着更富有弹性的方向改革。

5.1.2 人民币的独特优势

1. 国际社会对人民币的发行国——中国经济的未来发展充满信心

国际上有许多机构和学者对中国经济未来的发展有乐观的看法。例如，高盛投资银行在2003年发布的一份报告《BRICs梦想：通往2050年之路》① 中，应用人口统计预测、资本累积和生产力增长模型，计算出直到2050年BRICs的国内生产总值年增长率、人均国民收入和货币存量。最后得出一个结论：中国的经济实力可能将在未来四年内超越德国，并在2015年和2039年分别超越日本与美国。因此，只要中国经济能够持续保持稳定的增长，中国的国内生产总值占世界的比重将会名列前茅。国际社会对中国经济增长的这种乐观看法有助于他们放心地持有人民币。

2. 我国的边界线长，周边国家数量众多

我国陆地边界线总长为2万多千米，与我国接壤的国家有十多个②。这样，与我国接壤的国家的居民就多了一个持有人民币的理由——通过边境贸易购买我国的商品和劳务。不与我国接壤的国家的居民也更放心地持有人民币，因为除了与我国的居民进行交易时可以使用人民币外，与我国周边国家的居民进行交易时也有可能使用人民币——因为他们需要使用人民币来和我国进行边境贸易。

3. 分布在世界各地的华人很多

近期发展起来的货币搜寻理论模型认为，如果A国人在其国内碰见B国人的概率最大，那么B国的货币成为在A国流通的外国货币的可能性也最大。我国人口是世界上最多的，由于各种原因旅居国外的华商也很多。根据暨南大学华侨华人文献中心编的《世界华人华侨概况》，旅居国外的华人华侨有3 000多万人，而台湾的许多媒体和专家则认为有6 000多万人。几乎在世界上任何一个国家和地区都可能碰见华商。不管这些华商的国籍是否还是中国，由于他们和自己的祖国有着千丝万缕的关系，在和外国人交易时，他们是比较愿意接受人民币的。大量华商的存在使外国人碰

① BRICs是巴西（Brazil）、俄罗斯（Russia）、印度（India）、中国（China）的合称。

② 它们是：朝鲜、俄罗斯、蒙古、哈萨克斯坦、吉尔吉斯斯坦、塔吉克斯坦、阿富汗、巴基斯坦、印度、尼泊尔、不丹、老挝、缅甸、越南。

见华商并与华商进行交易的概率很大，这可以增加外国人对人民币的兴趣。

4. 我国特有的货币制度

由于历史的原因，我国实行“一国四币”的货币制度，香港、澳门、台湾和中国大陆属于不同的货币区。由于香港、澳门、台湾和大陆具有异常密切的经济贸易关系，人民币对于它们的重要性是不言而喻的。大量的人民币在香港、澳门和台湾流通是人民币境外流通的重要表现。

5. 我国在世界上的国际形象良好

我国长期奉行和平共处的外交原则，承诺永远不称霸，坚持和平崛起的一贯立场。中国热爱和平，从不干涉别人的内政，因此，我国才在国际上享有崇高的声誉。我国在亚洲爆发金融危机时，我国在周边国家和地区的货币都贬值的情况下，坚持人民币不贬值，赢得了国际社会的普遍赞扬，树立了负责任大国的形象。正是我国良好的国际形象，使得到2003年12月2日为止，共有163个国家（地区）和我国建立了外交关系。[①] 因为一个国家的货币成为国际货币会给这个国家带来一种国际上的政治权力，而接受该国货币的国家将会在许多方面受制于它，因此，我国良好的国际形象有助于促使外国人放心地使用人民币，世界各国人民相信我国不会滥用这种国际货币权力，就像我国从来不会用我国的核武器来对他国进行威胁一样。事实上，目前的国际货币体系存在很多不合理的地方，主要的国际货币都是由发达的资本主义国家发行，它们凭借其国际货币发行国的地位操纵了整个国际金融体系，全然不顾广大发展中国家的利益。人民币是唯一可能和目前资本主义国家发行的国际货币相竞争的货币。人民币的崛起将有利于改变当前不合理的国际货币体系，是符合广大发展中国家利益的。

5.1.3 制度上的原因

境外人民币产生的制度原因是我国及周边国家和地区的政府对人民币的跨境流通采取了较为宽松的政策。从1987年开始，我国政府允许人民币现钞出入境，就从法律上认可了人民币出入境的合法性，这也是目前人民币跨境流通的主要合法途径。1987年公民携带人民币出入境限额调整为200元。1990年，北京举办亚运会，考虑到个人特别是外国人入出境的需

① 见中华人民共和国外交部的网站（www. fmprc. gov. cn）。

要，将携带人民币的限额调整为2 000元，但此规定在亚运会结束后随即取消。1993年，《中华人民共和国国家货币出入境管理办法》公布，规定对货币出入境实行限额管理制度，具体限额由人民银行制定，同年人民银行将人民币出入境限额调整到每人每次6 000元。2004年12月2日，中国人民银行发布公告，决定调整国家货币出入境限额。中国公民出入境、外国人入出境每人每次携带的人民币限额由原来的6 000元调整为2万元。人民币现钞的出入境使得滞留在境外（尤其是香港）的人民币逐渐增加，2001年年底，中国人民银行和香港金融管理局开始商讨人民币回流内地的合法途径。两年后，中国人民银行在2003年11月18日同意为在香港办理的四类个人人民币业务（即存款、兑换、汇款和银行卡）的银行提供清算安排。同时，周边国家和地区的政府为了增加旅游收入和促进边境贸易，对人民币在境内流通采取默认的态度。缅甸、柬埔寨、尼泊尔等国政府曾公开表示，欢迎人民币在本国市场上流通，多个国家和地区允许人民币银行卡在其境内使用。[①] 部分周边国家和地区的中央银行还先后与中国人民银行签署了双边结算与合作协议[②]或货币互换协议[③]，这样，在官方层次上使人民币在境外流通成为了可能。

5.2 人民币境外流通的原因——定量分析

5.2.1 计量经济模型的确定

在前面对一国货币境外流通原因的分析中，我们得出影响货币境外流通的主要因素有：高的单位价值、货币价值的内在稳定性、由经济大国发行、发行国积极参与国际贸易、政治上稳定和经济上强大以及发行国家都

① 人民币银联卡在2004年1月18日和9月8日分别在我国香港和澳门地区实现受理，于2005年1月10日正式开通在韩国、泰国和新加坡的受理业务，内地银行发行的带有“银联”标识的人民币银行卡可在上述国家和地区贴有“银联”标识的自动柜员机（ATM）和商户销售终端（POS）上使用。

② 近年来中国人民银行先后与越南、蒙古、老挝、尼泊尔、俄罗斯、朝鲜和吉尔吉斯斯坦等国签署了关于边境贸易的结算协定。主要内容包括：允许人民币及对方国家货币用于两国边境贸易结算；商业银行可互设本币账户办理银行结算服务；商业银行可在边境地区设立两国货币兑换点；商业银行可在海关备案后调运大额人民币现钞进行清算。

③ 中国与日本、韩国、菲律宾签署了人民币与对方货币之间的双边货币互换协议。

是金融大国。由于样本容量有限，我们只选择出四个最主要的因素来进行实证分析，它们是：国家的经济实力（用 GDP 代表）、货币的对外价值（用汇率代表）、货币的对内价值（用通货膨胀率代表）和参与国际贸易的程度。因此，人民币境外流通原因的计量经济模型为：

$$M = \beta_0 + \beta_1 Y + \beta_2 E + \beta_3 P + \beta_4 T + \varepsilon \qquad (5.1)$$

其中：M 是人民币境外流通的数量；Y 是我国的 GDP 占世界 GDP 总额的比率；E 是人民币的名义汇率；P 是我国的通货膨胀率，$P = \frac{CPI - CPI^{-1}}{CPI}$，CPI 是居民消费价格指数，$CPI^{-1}$是上年的居民消费价格指数；T 是我国的贸易（进出口）总额占世界贸易（进出口）总额的比率。

5.2.2 数据及其来源

样本空间是 1988—2011 年，M 使用前面估计出来的数据；E 和 P 的数据来自各年的《中国统计年鉴》；Y 的数据来自国际货币基金组织的网站（IMF, World Economic Outlook Database）；T 的数据是由国际货币基金组织网站的相关数据计算得出的。所有数据见表 5.7。

表 5.7　　人民币境外流通原因实证分析的相关数据

变量 / 年份	M(单位:亿元人民币)	Y（单位:%）	E（直接标价法）	P（1+通胀率）	T（单位:%）
1988	-566.36	2.10	3.722 1	1.188	1.483
1989	-766.96	2, 22	3.765 1	1.18	1.498
1990	68.754	1.83	4.783 2	1.031	1.351
1991	333.67	1.83	5.323 3	1.034	1.542
1992	151.33	2.02	5.514 6	1.064	1.759
1993	-56	2.54	5.762	1.147	2.082
1994	-2 129	2.16	8.618 7	1.224 1	2.255
1995	-1 853.98	2.54	8.351	1.171	2.248
1996	-617.9	2.94	8.314 2	1.083	2.2
1997	601.5	3.26	8.289 8	1.028	2.378
1998	1 606.44	3.49	8.279 1	0.992	2.4

表5.7(续)

年份 \ 变量	M(单位:亿元人民币)	Y(单位:%)	E(直接标价法)	P(1+通胀率)	T(单位:%)
1999	3 104.18	3.54	8.278 3	0.986	2.571
2000	3 068.28	3.74	8.278 4	1.004	3.029
2001	3 202.08	4.16	8.277 0	1.007	3.361
2002	4 141.54	4.41	8.277 0	0.992	3.917
2003	4 960.17	4.44	8.277 0	1.012	4.622
2004	2 066.4	4.64	8.276 8	1.039	5.193
2005	2 412.783	5.11	8.191 7	1.018	6.662
2006	2 921.135 7	5.7	7.971 8	1.015	7.171
2007	-448.945	6.33	7.604 0	1.048	7.689
2008	-1 805.392 3	7.23	6.945 1	1.059	7.852
2009	4 467.129	8.27	6.831 0	0.993	8.748
2010	4 422.652	9.344	6.769 5	1.033	9.707
2011	739.913	10.48	6.458 8	1.054	10.5

5.2.3 实证方法

对（5.1）式所示的模型统计检验所采用的是“向后剔除变量回归”（Backword Regression）的普通最小二乘法（OLS 方法）。该方法是这样进行的：首先，选定剔除变量的显著性水平；其次，将所有变量全部进入模型进行回归，把符合剔除显著性水平的变量剔除，然后将剩余变量再进行回归；最后，重复第二步，直到进入模型的所有变量的显著性水平都达到要求，并且达到较好的调整可决系数 R^2 和 d 统计量。该方法的缺点有：第一，各变量可能是非平稳序列，以至于利用传统方法对计量模型进行统计推断时，许多参数统计量的分布不再是标准分布，所做的回归被称为“伪回归”；第二，各变量之间虽然存在依存性，但是它们之间可能并不存在因果关系。[①] 克服第一个缺点的办法是采用处理非平稳序列的方法——协整。其基本思想是：当每个变量分别是不平稳的，而线性组合是平稳的，则变量之间被认为有协整关系。这就意味着每个系列就其本身来说有分离的趋势，但是多个变量相联系组合起来，可发现他们之间有长期的、稳定的均衡关系。在做协整检验之前，必须进行单位根检验，以判断各变量的平稳性质；克服第二个缺点的办法是对变量进行格兰杰检验。

5.2.4 回归结果及分析

对模型（5.1）进行回归，得出的估计方程是：

$$M = 10\,208.11 + 1\,206.992Y - 949.94E - 11\,188.27P$$
$$(2.141\,5) \quad (2.331\,9) \quad (-2.866\,4) \quad (-3.046\,8)$$
$$-574.528T \qquad (5.2)$$
$$(-0.769\,3)$$
$$R^2 = 0.893\,6 \qquad D.W = 1.742\,5$$

给定 $\alpha = 0.10$，得临界值 $t_{0.05}(15) = 1.753$，上式中 T 变量系数是不显著的。把 T 变量从模型中剔除，得出的估计方程是：

$$M = 12\,416.25 + 829.9Y - 752.93E - 12\,734.77P \qquad (5.3)$$
$$(3.315) \quad (5.073\,2) \quad (-3.637) \quad (-4.21)$$
$$R^2 = 0.888\,4 \qquad D.W = 1.611\,6$$

估计方程（5.3）的变量系数的显著性水平相当高，调整的可决系数 R^2 也是比较理想的。至于 d 统计量，在显著性水平 $\alpha = 0.01$ 下，查表在 $n = 17$，$k' = 3$ 时得 $d_L = 0.672$，$d_U = 1.432$，由于 $d_U < d < 4 - d_U$，表明不存在一阶自相关。对残差项进行异方差检验（White 检验），结果是：

F 统计量	6.202 1	概率	0.006 079
nR^2	13.399	概率	0.037 116

检验统计量 $nR^2 = 13.399 < 14.067\,1$。

其中 $\chi^2_{0.05}(7) = 14.067\,1$ 是临界值，因此在5%的显著性水平上，无法拒绝原假设，不存在异方差。

① 计量经济模型的建立过程，本质上是采用回归分析工具处理一个经济变量对其他经济变量的依存性问题，但是这并不暗示这个经济变量与其他经济变量之间必然存在着因果关系。

方程（5.3）中变量系数的符号也和理论分析的结果一致：人民币境外流通的规模和我国的经济总量成正比，和人民币汇率水平成正比，和我国的通货膨胀率成反比。因此，方程（5.3）是较好的估计方程。从该方程中我们可以看出，我国的经济总量占世界经济总量的比率上升一个百分点，就会增加829.9亿元的人民币在境外流通；每一美元少兑换一元的人民币，就会增加752.93亿元的人民币在境外流通；我国的通货膨胀率每降低一个百分点，就会增加12 734.77亿元的人民币在境外流通。因此，影响人民币境外流通最重要的因素是我国的通货膨胀率，其次是我国的经济总量占世界经济总量的比率，最后是人民币的汇率水平。

5.2.5 协整分析

1. 单位根检验

本书采取的单位根检验方法是ADF（Augment Dikey Fuller）检验法。将估计方程（5.3）中的四个变量进行ADF单位根检验后，得出的结论见表5.8。

表5.8　时间系列ADF检验

变量名	ADF检验值	(t, c n)	Mackinnon临界值
M	-1.922 079	(t. c. 1)	-4.731 5**
ΔM	-2.198 3	(0. 0. 1)	-1.967 7**
Y	-5.837 8	(t. c. 1)	
E	-2.118 3	(0. c. 2)	-2.692 7*
ΔE	-2.337 8	(0. 0. 1)	-1.967 7**
P	-2.908 8	(0. c. 1)	-2.682 9***

注：t表示趋势项，c表示截距项，n表示滞后变量阶数，* 代表显著性水平为1%，** 代表显著性水平为5%。

从表5.8可以看出，境外人民币流通规模和人民币汇率是非平稳序列，但是它们的一阶差分序列都是平稳的时间序列。我国GDP占世界GDP总额的比率和我国的通货膨胀率是平稳序列。

2. 协整检验

采用JJ检验法。检验结果见表5.9

表 5.9　　　　　　　　　　JJ 协整检验结果

原假设	特征值	LR 统计量	5% 临界值	1% 临界值
None**	0.956 658	69.861 9	47.21	54.46
Atmost 1	0.577 46	23.782 22	29.68	35.65
Atmost 2	0.460 22	9.860 31	15.41	20.04

注：①观测序列有线性确定性趋势并且协整方程（CE）仅有截距，滞后阶数为（1 1）；
②*（**）表示在5%（1%）的显著性水平拒绝原假设。

从检验结果可以看出这四个变量之间存在协整关系，即四变量之间存在长期的均衡关系。再对估计方程（5.3）的残差项进行 ADF 检验，结果是在没有趋势项和截距项，滞后变量阶数为1时，ADF 值是 -2.739 4，对应显著性水平（5%）的临界值为 -1.965 8，显然，该残差是一个平稳的时间序列。从而验证了协整关系的正确性。

5.2.6　格兰杰（Granger）检验

对估计方程（5.3）中的四个变量进行格兰杰检验，结果见表 5.10。

表 5.10　　M 与（5.3）式中的三个自变量的格兰杰因果关系检验

滞后长度	Granger 因果性	F 值	P 值	结论
1	Y→M M→Y	1.277 88 0.005 35	0.278 72 0.942 81	拒绝 拒绝
	E→M M→ E	1.771 36 0.001 54	0.206 09 0.969 31	拒绝 拒绝
	P→ M M→ P	3.700 92 0.149 46	0.076 56 0.705 3	不拒绝 拒绝
2	Y→M M→Y	2.010 47 1.656 88	0.184 55 0.239 05	拒绝 拒绝
	E→M M→ E	0.688 76 0.328 44	0.524 52 0.727 53	拒绝 拒绝
	P→ M M→ P	1.456 5 0.934 46	0.278 53 0.424 56	拒绝 拒绝

表5.10(续)

滞后长度	Granger因果性	F值	P值	结论
3	Y→M M→Y	3.413 37 0.840 24	0.082 03 0.513 62	不拒绝 拒绝
	E→M M→E	0.687 06 1.053 86	0.587 96 0.426 93	拒绝 拒绝
	P→ M M→ P	1.304 56 0.317 53	0.346 2 0.812 70	拒绝 拒绝

从表5.10可以看出，在滞后长度为1和显著性水平为0.1时，P→ M的单向因果关系得到支持，在滞后长度为3和显著性水平为0.1时，Y→M的单向因果关系得到支持。但是，E→M的单向因果关系只在滞后长度为1和显著性水平为0.2时才得到支持，E→M的单向因果关系的弱显著性可能是人民币汇率水平对人民币境外流通规模影响不大，也可能是由于我们的样本空间太小造成的。

5.2.7 误差修正模型检验

证明了变量之间的协整关系，也就是确定了在我国的经济总量、人民币汇率水平、我国的物价水平和人民币境外流通规模之间确实存在着长期的均衡关系。为了研究我国的经济总量、人民币汇率水平和我国的物价水平对人民币境外流通规模的动态影响过程，需要建立误差修正模型进行分析。

把通过长期方程式（5.3）计算出的残差项作为误差修正项Ec，由于数据量的原因选取滞后阶数为1，利用一般误差修正模型对数据进行回归分析，并且逐步剔除不显著项，最终得出的误差修正模型为：

$$\nabla M_t = 234.631\,9 - 606.302\,2\,\nabla E_t - 13\,181.9\,\nabla P_t - 1.057\,5 Ec_{t-1} \quad (5.4)$$

$$(1.337^{*})\ (-2.625\,756^{*})\ (-4.513\,9^{*})\quad (4.344^{**})$$[①]

$R^2 = 0.773\,576$ Adj. $R^2 = 0.716\,97$ D.W $= 1.008\,9$ F－statistic $= 13.666$

从统计量的检验值来看，所有变量的参数都通过了检验。在显著性水平 $\alpha = 0.01$ 时，查表在 $n = 16$，$k' = 3$ 时得 $d_L = 0.633$，$d_U = 1.446$，由于 $d_U < d < 4 - d_U$，表明不存在一阶自相关。在式（5.4）中，各差分项反映

① 括号内是t检验值，＊和＊＊分别表示10%和1%的显著性水平。

了变量短期波动的影响。被解释变量的波动可以分为两个部分：一部分是短期波动，一部分是长期均衡。根据模型估计的结果，人民币境外流通主要受人民币汇率水平和我国的物价水平短期变化的影响；Ec 项系数的符号为负，正好与调整机制相符合，其大小反映了人民币汇率水平和我国的物价水平对人民币境外流通规模偏离长期均衡的调整力度，从其参数估计值来看，调整的力度是相当可观的。由此可见，无论是长期还是短期，人民币汇率水平和我国的物价水平对人民币境外流通规模都有较大的影响，但是我国经济总量占世界经济总量的比率对人民币境外流通规模只有长期影响，不存在短期影响。

5.2.8 结论与理论思考

（1）结论：影响人民币境外流通最重要的因素是我国的通货膨胀率，其次是我国的经济总量占世界经济总量的比率，最后是人民币的汇率水平。无论是长期还是短期，人民币汇率水平和我国的物价水平对人民币境外流通规模都有较大的影响，但是我国经济总量占世界经济总量的比率对人民币境外流通规模只有长期的影响，不存在短期的影响。

（2）理论思考：我国经济总量占世界经济总量的比率主要是通过影响境外居民对人民币汇率水平稳定与否的信心和影响境外居民对人民币汇率水平长期走势的预期来影响他们对人民币的接受程度的。而这种信心和预期一般只能在长期中起作用。目前境外很大部分的人民币是通过我国的边境贸易输出的。境外居民之所以愿意接受人民币为结算货币，很重要的原因是人民币币值的稳定性和其升值的趋势。因为币值的不稳定会增加持有人民币的境外居民的风险，而人民币贬值则会立刻给他们带来损失，因此人民币汇率水平在短期内就对境外人民币流通的规模具有影响。由于目前境外机构很少开展人民币贷款业务，人民币在境外不能生息，因此境外居民一般不愿意长期持有人民币，而是希望在短期内通过购买我国的商品或者劳务把人民币花出去，于是我国的物价水平（人民币的购买力）在短期内就会影响到境外居民接受人民币的意愿。人民币的对外价值（汇率水平）和对内价值（物价水平）会在长期内影响人民币的国际声望，从而使人民币的汇率水平和我国的物价水平在长期中影响境外人民币流通的规模。

6　国际货币发行国的收益和成本[①]

① 本章所讲的国际货币的收益和成本是指信用货币充当国际货币时的收益和成本。

6.1 货币境外流通给货币发行国带来的收益和成本分析

当美国的国内失业率达到4%或5%时，美国持续的、巨大的国际收支赤字对其采取扩张性的宏观经济政策的限制和随后的美元国际货币地位的削弱，引起了人们对美元的国际货币地位给美国带来的成本和收益问题的关注。① 我们首先回顾以前的经济学者对该问题的观点，然后在此基础上进行修正和提高。

6.1.1 国际货币给其发行国带来的收益

1. 经济上的收益

(1) 铸币税收入。

以前的学者在关于一个国家的货币在境外流通给这种货币的发行国带来的收益上谈得最多的就是铸币税收入。简单地说，铸币税收入就是货币发行人因为发行货币而得到的利润，这是因为货币持有人实际上是持有不计息的中央银行和政府的承诺。一国货币在境外流通的部分类似于来自国外的免息贷款，是真实资源从国外向国内隐含地转移。以美国为例：美联储（Porter，Judson，1996）和美国财政部（2000）认为，仅仅考虑境外流通的联邦储备发行的银行券（钞票），就给美国提供了高达375亿美元的收入。杰弗里·A. 法兰克尔（Jeffrey A. Frankel，1995）和艾伦·S. 布德林（Alan S. Blinder，1996）在更早的时间认为，保守地估计，境外流通的美元每年为美国节约了16亿~22亿美元的利息支出。理查德·伯茨（Richard Portes）和海琳雷伊（Hélène Rey，1998）认为，美元的境外流通降低了美国国库券的利率，由于美元的境外流通，美国政府对其国库券的利息支出每年至少节约了5亿~10亿美元，他们认为这项收入应该计入美元的境外流通给美国带来的铸币税收入中去。

① 这个问题首先在英国由A. C. L. Day在其著作《英镑的未来》（牛津大学出版社，1954）中提出。他在一篇提交给在美国举行的讨论会的论文《国际收支的失衡和加强国际金融安排的需要》（美国政府印刷办公室，1961）中也讨论了这个问题。

(2) 宏观经济政策上的灵活性。

一个国家的货币在境外流通有利于这个国家解决它的国际收支赤字问题。因为它可以使用自己的货币对其国际收支赤字进行支付，所以一国的货币境外流通可以通过输出其货币，减少其由于非预期到的国际收支冲击而造成的调整成本，否则的话，这个国家就要使用紧缩的财政和货币政策进行调整，成本是非常大的。事实上，货币的境外流通减少了一国在制定和执行国内政策时对其国际收支方面的担心。

(3) 交易成本的下降。

一国货币境外流通使得该国在进行国际交易时更多地使用本国货币，这样可以取消货币的兑换，消除汇率变动带来的风险，也不需要对货币进行套期保值，所有这些都可以减少其参与国际交易的成本。

(4) 为贸易和投资创造更好的环境。

货币的境外流通也会给其他国家带来好处：使用共同的货币进行国际贸易和投资，也给其他国家带来方便和降低了它们进行国际交易的成本，国际交易中汇率变动风险的降低可以减少危机发生的可能性，一些国家使用国际货币替代它们自己的不稳定的、高通货膨胀的货币，有利于它们控制国内的通货膨胀，所有这些都可以使其他国家获得更高的稳定性和更快的经济增长速度，从而创造了更好的区域贸易和投资的环境。

(5) 有利于金融机构和金融市场的发展。

国际货币的使用需要相应的金融机构为它们提供服务：资金的清算和套期保值等。国际货币发行国的金融机构在提供这些服务方面肯定具有比较优势。因此，一个国家的货币在境外流通会给这个国家的金融机构创造更多的生意，带来更多的利润和贷款利息收入。根据柯恩·班哲明的测算，尽管英镑的国际地位已经下降，英国银行业在20世纪60年代中期每年获得的经营利润中有1/3还是依靠英镑的境外流通获得的。[①] 货币的境外流通会使该国的金融市场带来更多的国际参与者，这会增加该国金融市场的宽度和提高它的效率。货币的境外使用会扩大发行国的国际贸易量，更高的贸易量意味着更高的流动性，而这又会通过降低交易成本和使资产的价格更好地反映其物质基础和新信息来提高资本市场的效率。

① 郑木清．论人民币国际化的经济效应［J］．国际金融研究，1995（7）．

2. 政治上的收益

（1）权力。

国际货币的发行国可以从其他国家对其货币的依赖中获得政治上的权力。一方面，国际货币发行国可以更好地使其国内事务免受外部的影响；另一方面，它可以不受约束地实现其外部目标，甚至不受约束地施加一定程度的国际影响。正如政治学家乔纳森·柯什纳（Jonathan Kirshner，1995）所说的："货币权力是国家权力中相当重要的一个组成部分……它是国际货币发行国对其他国家进行经济制裁的最潜在的一种工具。"毕竟，货币是对实际资源的简单命令。如果一个国家可能会拒绝给予它需要用来购买重要的商品和劳务的工具，那么这个国家在政治上一定是脆弱的。Kirshner 列出了四种获取货币依赖性的方式：①强制——对永久性规则的操纵或制裁的威胁；②驱逐——特权的暂时取消或永久性取消；③巧取豪夺——通过建立某种关系来榨取实际资源；④陷阱——依赖国家收益的转移。

（2）声誉。

科恩（Cohen，1998）认为，一国的货币是其政府的重要象征，就像国旗、国歌和邮票一样有用。它可以培养出一种独特的民族自豪感。罗伯特·蒙代尔（Robert Mundell，1993）认为"伟大的国家有伟大的货币"。比如，美元事实上成了美国霸权的象征。政治学家约瑟夫·S. 奈（Joseph S. Nye，1990）认为美元成了美国的软力量——通过推广其信仰和理念而施加影响的能力。虽然难以定量分析，但是货币的声望在国际事务中的作用不能被低估。

6.1.2 国际货币给其发行国带来的成本

1. 独立的国内政策的约束

国际货币给发行国带来的最大成本是它削减了发行国执行独立货币政策的能力。①比如，如果美国实行扩张性的货币政策，那么政策导致的美国国内利率的下降会产生大规模的外国人拥有的流动性美元资产外流，从而抵消了扩张性货币政策的效应。同理，如果美国执行紧缩性的货币政策，那么利率的上升又会导致境外（比如欧洲美元市场）流动性美元资产内流，从而抵消紧缩性的货币政策。②阿克索伊、皮斯科斯基（Aksoy，Piskorski，2001）的研究表明，美元的境外流通已经破坏了美国的货币供应量和诸如真实产出和通货膨胀率之类的重要的宏观经济变量之间的历史关系，从而使美联储通过这些经济变量之间的关系变化来制定相应货币政策更加困难了。③境外对美元的需求变动得更加突然和更加频繁，就会导致美国货币供应量短期波动的流动性冲击的风险更大。境外流通的货币和本国的消费和生产没有关系，这会给货币当局在理解其货币供应量和其他经济指标的变化时带来困难，从而造成货币政策制定的困难。④国际投资者对有价证券偏好的改变会影响国内经济政策的效力。在实行钉住汇率制度的情况下，这种偏好的改变会导致巨大的资本流动和破坏货币当局控制货币基础和对国内经济施加影响的能力；在浮动汇率制度的情况下，这种偏好的改变会导致汇率的巨大波动，从而会影响货币当局对国内经济施加影响的程度。正是因为考虑到外国人对有价证券偏好的改变对国内经济带来的影响，在20世纪70年代和80年代早期，日本和德国政府都采取措施限制它们各自的货币的国际使用。⑤通货膨胀政策的约束：根据菲利浦斯曲线，一国通货膨胀的上升会带来失业率的下降，有时一国需要通过提高通货膨胀率的办法来降低国内很高的失业率。但是，如果一个国家的货币大量地在该国境外流通，它就不那么容易使用这种办法来解决失业问题了，因为国际社会由于持有大量的该国货币，通货膨胀只会给他们带来损失。所以，国际社会会反对该国的通货膨胀政策。⑥国际货币贬值的约束：如果一个国家的货币是国际货币，那么它的货币就很难成功地实现对其他货币的贬值，因为其他国家的货币会做同样幅度的贬值。比如，由于美元广泛地被其他国家持有，如果美元对其他国家的货币贬值，那么其他国家所持有的美元资产用它们的本国货币衡量的价值就会下降，其他国家就会遭受资本损失。为了避免这种损失，它们就会使它们的货币也做相应幅度的贬值。

2. 伪钞问题

如果某种货币在其发行区以外的地方流通，这种货币被伪造的机会就会增加，原因是部分货币使用者对这种货币不熟悉。同时这种货币流通的有关地区也可能缺乏管制伪造货币的机制。据估计，有60%的伪造美钞流通在美国境外。①

3. 对国际收支统计的影响

境外流通的本国货币会影响国际收支的统计数字，使这些数字未能反映真实情况。比如说，美国境外流通的美元增加美国的对外负债。从国际

① 见美国财政部提交给国会的报告《境外美元的使用和伪造（第二部分）》（2003.3）。

收支平衡的角度来说，这属于资本流入，然而国际收支统计的数字不一定能反映这种资金的流向。[1] 有关这些资金流向的估计数字有助于减少国际收支平衡表中的误差与遗漏项的数额。

4. 对金融资产和金融机构的影响

国际投资者变动其持有的国际货币发行国的短期有价证券组合时，国际货币发行国的货币资产的价格会波动。当然，这对于国际货币发行国来说不一定就是一件坏事，比如，由于美元的安全性而导致的资本内流，有利于维持债券和股票等资产的价格，但是，如果它们的效果是扭曲资产的价格，那么即使这种资本流动也会带来风险。一般而言，如果国际投资者资金的忽然撤走就是资源的忽然地和大量地撤走，那么这种资金流出就会给金融部门带来冲击，尤其是会给那些竞争力不强的金融机构带来冲击。

5. 向其他国家提供储备的负担

如果一个国家的货币是国际货币，它的货币在境外被使用的重要方式之一是被其他国家当作储备货币使用。随着国际交易规模的扩大，其他国家有增加储备货币的需求，国际货币的发行国可以通过国际收支赤字的方式输出货币，但是，国际收支赤字规模的扩大会动摇其他国家对其能否维持其货币币值的信心，从而会削弱其国际货币的地位。所以，国际货币发行国通过更大规模的国际收支赤字来满足其他国家对储备货币的需求，它自身的国际货币地位就会变得更加脆弱，这就是著名的“特里芬两难问题”。

6.2 影响国际货币收益和成本大小的因素

以前的经济学者在探讨国际货币的收益和成本时，往往只讨论收益和成本的种类，而没有进一步考虑影响国际货币收益和成本的因素是什么。本文试图找出影响国际货币的收益和成本大小的因素来，同时说明国际货币的收益和成本是如何随着这些因素的改变而变化的。我们首先分析境外货币流通规模之外的因素对国际货币的收益和成本大小的影响，然后分析

① 即使流入美国境外的美元以银行同业存款的形式回流到美国，这些资金仍然是美国的负债，也会反映在美国的国际收支统计数据上。

境外货币流通规模对该收益和成本大小的影响。

6.2.1 影响国际货币收益大小的因素

1. 影响铸币税收入大小的因素

影响国际货币铸币税收入大小的因素主要是境外货币使用的方式。货币有三种职能：计价单位、支付手段和价值储藏。计价单位不需要现实的货币，只有支付手段和价值储藏才需要现实的货币。用作支付手段的货币需要很高的流动性，对收益性的要求不高，但是用作价值储藏的货币对收益性要求很高，而对流动性要求不高。因此，境外持有的用作支付手段的国际货币可以比那些用作价值储藏的国际货币给货币发行国带来更多的铸币税收入。用作支付手段的货币分为两种情况：一种是对国际交易的支付，交易双方不是同一个国家的居民；一种是对国内交易的支付，交易双方是同一个国家的居民。国际交易的风险一般比国内交易的风险更大，因此用作国际交易支付手段的国际货币要求有比用作国内交易的支付手段的国际货币有更大的流动性，对收益性的要求就更小了，所以，用作国际交易支付手段的国际货币比用作国内交易支付手段的国际货币能给货币发行国创造更多的铸币税收入。

2. 影响宏观经济政策灵活性大小的因素

（1）世界贸易和投资的发展速度。

世界贸易和投资发展的速度越快，对国际货币的需求就越大，因此国际货币发行国就可以在更大程度上通过其货币的输出来解决其国际收支赤字问题，从而可以在更大程度上避免采取紧缩性的财政和货币政策。

（2）国际货币的地位。

世界上的国际货币在任何时候都不会只有一种，只是各种国际货币的地位不一样。地位高的国际货币需求大，地位低的国际货币需求小。因此，地位高的国际货币发行国有更大的可能性通过输出其货币解决其国际收支赤字的问题。

3. 影响交易成本下降大小的因素

通过使用自己的货币进行国际交易所减少的成本大小可以表示为：$C=Q\cdot c$。该式中 C 是减少的总成本，Q 是国际交易的数量，c 是每单位国际交易减少的成本，可以称之为单位成本。我们分别考察 Q 和 c。①国际交易的数量是由国家的经济开放度决定的，如果国际货币发行国的经济开放度很大，它参与的国际交易规模很大，那么通过使用它自己的货币进行交易所节约的成本也就很大了。②单位成本则是由一国在世界贸易中的地位决定的。在世界贸易中地位高的国家，如果它在国际交易中不是使用自己的货币充当媒介，那么它就有能力把要它负担的由货币兑换、汇率变动和套期保值带来的成本尽可能地反映在价格上，使得这些成本由交易双方或者完全由对方承担。比如，如果它是商品的出口方，它有能力把由货币兑换、汇率变动和套期保值带来的成本部分或者全部加在商品的价格上，如果它是商品的进口方，它就会在商品原来的价格的基础上减价。这种加价和减价的能力是由该国在世界贸易中的地位决定的。

4. 影响从国际交易环境的改善中获得的收益大小的因素

影响从国际交易环境的改善中获得收益大小的因素主要是：和国际货币发行国经济上联系密切、政治上关系融洽和地理位置上接近的国家和地区的多少，以及这些国家和地区在经济周期上和它们所使用的国际货币的发行国的经济周期的趋同程度。如果与国际货币发行国经济上联系密切、政治上关系融洽和地理位置上接近的国家和地区有很多，那么，通过这些国家和地区环境的改善所可能增加的国际货币发行国和这些国家和地区之间的国际交易量就会非常大，国际货币发行国由此获得的收益也就很多。为了防范汇率风险，许多国家会用它们自己货币的汇率钉住它们使用最多的国际货币，如果与国际货币发行国经济上联系密切、政治上关系融洽和地理位置上接近的国家和地区和它们所使用的国际货币的发行国在经济周期上的趋同程度高，那么这些国家自己的货币汇率被高估或者低估的可能性就更小，从而爆发货币危机的概率就更低，经济环境更加稳定，它们参与国际交易的规模也就会扩大。

5. 影响金融机构和金融市场收益大小的因素

影响金融机构和金融市场收益大小的因素主要是国际货币发行国的金融市场的对外开放程度。资本项目开放程度低的国际货币发行国的金融机构和金融市场从其货币的国际使用中获取的收益较小，因为在资金调动上所受到的政策上的限制会减少其金融市场的国际参与者，其金融机构由该国货币的国际使用获得的利润也就少，其金融市场的效率也不会高；相反，如果其金融市场的开放程度高，那么它的金融市场的国际参与者就很多，其金融机构增加的利润就多，金融市场的效率提高得也快。

6. 影响政治收益大小的因素

(1) 货币的国际地位和流通范围。

一个国际货币发行国的货币的国际地位越高和流通范围越广，这个国家就越有能力通过其货币对其他国家施加影响，这个国家由于其货币的国际使用带来的国际声望也越高。比如现在美元的国际地位很高，美元在国际上流通的范围也很广，那么美国就可以经常凭借其从美元的国际货币地位中获得的权力和声望影响其他国家，在国际事务中的影响力就很大。

（2）国家的大小。

大国如果在货币上要依赖于或者受制于他国，那么它所遭受的损失将会很大。大国在国际事务中有更多的利益得失，有更多的动力去参与国际事务，更希望在国际上发挥影响力，因此如果大国的货币是国际货币，那么它从其货币的国际地位中所获得的权力和声望将会更加有利可图，凭借其货币的国际地位可以获取更多的政治收益，实现更多的政治目的。

6.2.2 影响国际货币成本大小的因素

1. 影响政策约束成本大小的因素

（1）国家大小。

大国更需要独立的货币政策，大国由于其货币的境外使用丧失货币政策的独立性所遭受的成本更大。大国更需要独立的货币政策来解决其国内的经济问题，因为大国由于货币政策独立性的丧失而导致的通货膨胀、失业和经济增长速度下降等问题很难通过外国人的帮助来解决，小国的国内经济问题更容易通过寻求国际援助来解决，而大国一般要依赖于自己的力量来解决其国内经济问题，其中货币政策是必不可少的手段之一。因此大国由于其货币的国际使用而遭受的政策约束成本就很大。

（2）经济开放度。

经济很开放的国家本身就很难有独立的货币政策，也就不会有由于货币的境外流通而丧失货币政策的独立性。道理很简单，本身就没有独立性，也就没有什么可以丧失了。因此经济开放度高的国家由于其货币的国际使用导致的政策约束成本小，经济开放度低的国家由于其货币的国际使用导致的政策约束成本大。

2. 影响伪钞成本大小的因素

伪钞给国际货币发行国带来的成本有：减少铸币税收入、影响货币的国际形象和影响货币统计的精确性。伪钞带来的成本大小和伪钞的数量成正比，而伪钞的数量主要是由货币发行国的防伪技术和货币发行国与其货币流通国家和地区的政治关系决定的。防伪技术高则伪造成本高，伪钞数量会下降；货币发行国与其货币流通的国家和地区政治关系好，货币发行国和货币流通国（地区）就能够互相协调配合打击伪钞的制造和流通，伪钞的数量也会下降。

3. 影响金融市场和金融机构成本大小的因素

影响金融市场和金融机构成本大小的因素主要是货币发行国的资本项目开放程度和金融市场的成熟度。赵海宽（2002）认为：货币的国际化和资本项目的开放既联系紧密又不是一回事情，有的国家的资本项目完全开放了，但是它的货币并不是国际货币，而有的国家的资本项目还没有实现完全开放，而它的货币却在境外广泛地流通。[①] 国际货币发行国的资本项目越开放，其货币的境外使用导致的资金跨境流动就更频繁，从而对其金融市场和金融机构的冲击就大；如果货币发行国的金融市场发育得还不是很成熟，则货币境外流通导致的资金跨境流动对该国的金融市场的危害就更大。

6.3 货币境外流通规模对国际货币收益和成本大小的影响

6.3.1 货币境外流通规模对国际货币总收益和总成本的影响

1. 货币境外流通的规模和国际货币的总收益同方向变动

显然，货币境外流通的规模越大，货币发行国的铸币税收入越多、交易成本下降得越多、越能为贸易和投资创造更好的环境、越能使金融机构获得更多利润、金融市场效率提高得越多、获得的声望越高、权利也越大。宏观经济政策上的灵活性也会增加，因为货币的使用具有外部性，即货币的价值和使用它的人的多少有关系。使用某种货币的人越多，这种货币的价值就越大，它就越能够被人们接受。货币有点像语言，如果世界上只有你一个人说英语，那是毫无意义的，而世界上说英语的人越多，你说英语的价值就越大。货币也一样，某种货币在境外流通的规模越大，使用它的人越多，这种货币的价值就越高，人们就越愿意接受这种货币，因此该货币的发行国就越能够通过输出其货币来解决它的国际收支赤字问题，即它获得的宏观经济政策上的灵活性就越大。

2. 货币境外流通的规模和国际货币的总成本同方向变动

货币境外流通的规模越大，潜在的跨境流通货币资金也越多，对货币

① 赵海宽. 论人民币可能成为世界货币之一［J］. 中央财经大学学报，2002（5）.

发行国的货币政策、金融资产和金融机构的影响也就越大；外国人持有越多的某种国际货币，他们就越不愿意看到这种货币贬值；更多的货币在境外流通，制止货币伪造的难度就更大；流入境外的货币越多，该国的国际收支统计就更加失真。

6.3.2 货币境外流通规模对国际货币边际收益和边际成本的影响

1. 随着境外流通的货币规模的扩大，国际货币的边际收益递减

（1）同等数量收益增加的重要性下降。

一般只有国际货币发行国的经济总量增加了，它的货币在境外流通的规模才会增加。而同等数量的收益相对于经济总量更大的国家来说，其重要性更低。因此，随着境外流通货币规模的扩大，从重要性的含义上来理解的国际货币的边际收益是不断下降的。

（2）数量意义上的边际收益也下降。

单纯从数量上来看，随着货币境外流通规模的扩大，国际货币的边际收益也有下降的趋势。我们分别考察国际货币的各种收益的情况。

①铸币税收入。我们知道，用作价值储藏的国际货币比用作支付手段的国际货币给货币发行国带来更少的铸币税收入，用作国内交易支付手段的国际货币比用作国际交易支付手段的国际货币给货币发行国带来更少的铸币税收入。从货币职能的重要性来看，货币的支付手段职能是排在价值储藏职能前面的，即货币是先有支付职能，后有价值储藏职能的。国际货币也一样，首先流入境外的货币是用作支付手段的，后面流入境外的货币逐渐地用作价值储藏。从支付手段上看，流入境外的货币首先是用作国际交易的支付，然后才逐渐地用作国内交易的支付。原因很简单，用作国内支付的货币是通过国际交易获得的。所以，越是后面流入境外的货币给货币发行国带来的铸币税收入就越少。

②宏观经济政策上的灵活性。在境外流通的某种货币越多，这种货币的发行国在边际上就越难以通过输出货币来解决它的国际收支赤字，因为国际货币发行国通过国际收支赤字输出的货币越多，外国人的不满情绪可能就会越大，同时对发行国维持其币值的信心也会下降，这种情况在美国就曾经发生过，当美国不断地通过国际收支赤字输出美元时，其他国家对它的不满情绪和对其货币币值的担心就也更加严重，结果导致以法国人带头的外国人抛售美元，抢购黄金和其他硬通货的事件发生。

③交易成本的下降。前面谈到了国际货币首先是用作支付手段，然后才用作价值储藏。首先是用作国际交易的支付手段，然后才用作国内交易的支付手段，只有当国际货币用作国际交易的支付手段时，国际货币的境外流通才能够降低货币发行国的交易成本，所以，越到后面流入国外的货币，其降低货币发行国交易成本的作用就越小。

④贸易和投资环境的改善。我们知道，国际货币发行国和流通它的货币的国家和地区的地理位置越接近、经济联系越密切和政治关系越融洽，国际货币发行国就可以从这些流通它的货币的国家和地区的贸易和投资环境的改善中得到越多的收益。从历史经验上看，国际货币的流通有一个规律：它们都首先在与货币发行国地理位置接近、经济联系密切和政治关系融洽的国家和地区流通，然后逐渐扩散到与它地理位置更远、经济联系更少和政治上更不融洽的国家和地区。所以，最开始流出的货币给发行国从其贸易和投资环境改善中获得的收益最大。

⑤金融机构和金融市场的收益。国际货币发行国的金融机构通过货币境外流通获得的收益主要来自为使用它的货币进行的交易提供支付、清算和套期保值等服务。由前面可知，首先流入境外的货币一般是用作国际交易支付的，往后流入境外的货币就越来越多地用作价值储藏和国内交易的支付手段了。而最需要发行国提供服务的项目是国际交易，因此越到后面，发行国的金融机构由此获得的收益将越少。发行国金融效率的提高主要是由更多的国际参与者和扩大的贸易量所带来的市场的更大流动性和价格的更合理性而获得的，由于越到后面流入境外的货币越来越多地用作价值储藏和国内交易的支付手段，而更少地用作国际交易的支付手段，因此后面的国际货币的使用所能够带来的金融市场的国际参与者和贸易量的增加将会递减。

⑥政治收益。一个国家的货币成为国际货币就如同一个国家拥有核武器一样，在从无核国到有核国，再从有核国成为核大国的过程中，这个国家所获得的国际权力和国际声望是不断上升的，但是，自从它有了第一枚核弹头之后，每增加一个核弹头给这个国家带来权力和声望的增加是越来越少的，成为核大国之后增加的核弹头几乎不能给它带来新增的权力和声望了。国际货币给其发行国带来的国际权力和声望也类似，随着它的货币在境外流通规模的扩大，它所能够获得的新增加的国际权力和声望将不断下降，当一个国家奠定了其作为主要国际货币发行国的地位之后，境外新增加它的货币的流通几乎不给它增加多少权力和声望了，也就是说，随着

一个国家的货币在境外流通规模的扩大，它所获得的国际权力和声望的边际增加是递减的。

2. 随着境外流通的货币规模的扩大，国际货币的边际成本递增

国际货币给其发行国带来的主要成本是货币政策的约束，由上面可知，一个国家的货币在境外流通规模的扩大一般伴随该国经济总量的扩大，而一个经济总量更大的国家（所谓的大国）对独立的货币政策的要求更高，同样程度独立的货币政策的丧失对一个大国的损失要比小国的损失更大，因此，如果同等数量的货币境外流通会造成同样程度的货币政策独立性的丧失，那么随着一国货币在境外流通规模的扩大，新增加的境外流通的货币造成的新增加的货币政策独立性的损失将会给该国带来越来越大的成本，即随着境外流通的货币规模的扩大，国际货币的边际成本递增。

6.3.3 国际货币收益和成本的图形说明

我们可以把上面介绍的关于国际货币的总收益、总成本、边际收益和边际成本的分析用图形的方式来加以说明（见图6.1）。

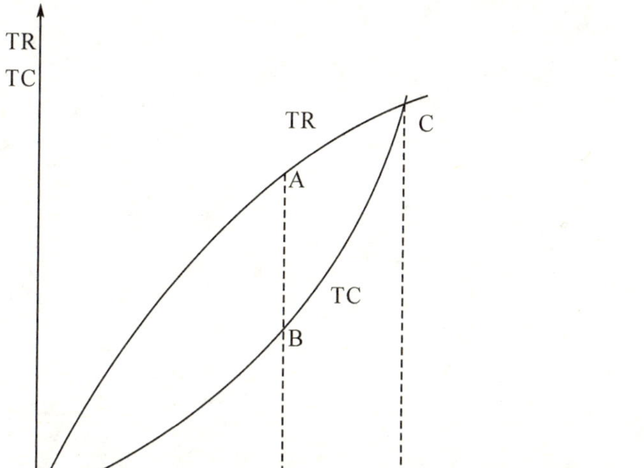

图6.1 货币境外流通的收益和成本

图6.1中，横轴表示某种国际货币在境外流通的规模，可以用境外流通的货币占货币总量之比来表示，纵轴表示境外流通的货币给该货币发行国带来的总收益和总成本。上面的曲线是总收益曲线，下面的曲线是总成

本曲线。显然，一个国家的货币在境外流通的规模在 C-Uab 点对该国最为有利。在 C-Uc 点以后则要遭受净损失了。目前美国的情况大概就处于点 C-Uab，因为美国现在对进一步扩大美元在境外流通规模的兴趣不大，而对于维持住目前美元在境外流通的规模则兴趣很大。[①] 欧元和日元的情况则应该处于 C-Uab 点之前，因为目前欧盟和日本都在努力地扩大欧元和日元在国际上的使用规模。据美国财政部估计，目前美元在美国境外流通的通货占美元的总流通通货的比例大约为 60%。[②] 其他国家可以参考该比例来找到实现其最大净收益的境外货币流通规模。从该图我们可以发现，如果一个国家的货币在境外流通的规模处于点 C-Uab 的左边，那么增加国际货币净收益的途径是：扩大其货币境外流通的规模，使 TR 曲线往上移动和 TC 曲线往下移动。

① 参见 Benjamin J. Cohen 提交给一次关于美元化和拉丁美洲的研讨会的论文《美国对一个美元化的半球感兴趣吗?》(2002.4)（见 http://repositories.cdlib.org/gis/12）。

② 见美国财政部提交给国会的报告《境外美元的使用和伪造（第二部分）》(2003.3)。

7　人民币跨境流通的正面经济影响

7.1 人民币跨境流通宏观层面上的正面经济影响

7.1.1 铸币税收入

国际铸币税的简单计算方法如下：假设A、B两国，A国的A币是国际货币，B国出于多方面需求，必须持有一定数量的A币，这些A币来源于A国购买的B国商品和金融资产。若A国所购买的B国商品是资本品，通过使用这些资本品，A国将取得一定收益；若A国所购买的B国商品是普通商品，则A国用进口所替代下来的资源进行投资也能获得相当的收益；若A国所购买的是B国的金融资产，将能直接获得相应收益。总之，A国因B国持有A币而获得相应收益。B国持有A币也可以获得相关收益，比如银行存款利息或国债债息等，但肯定会少于A国获得的收益。因此A国向B国征收的铸币税等于其向B国输出A币后所增加的资产收益，减去B国持有A币而获得的利息收入，再减去A国为使A币成为国际货币所花费的其他代价，如印刷、运输A币的费用等。

我国政府每年从境外流通的人民币中获取的铸币税收入可用如下方法加以计算：铸币税收入等于每年流入境外的人民币数量（流量）乘我国境内投资的年均收益率。①② 利用表2.5中的境外流通的人民币数量③（存量）计算出每年流出的人民币（流量），再假定我国大陆投资的年均收益率是10%。我们可以计算出从1988年到2012年我国每年从境外流通的人民币中获取的铸币税收入（见表7.1）。④

---

① 这种计算方法实质上是把输出的人民币看作其他国家给我们的贷款（真实资源的进入），铸币税收入就是我们使用这笔贷款进行投资的收益减去获得这笔贷款的成本。我们的计算中忽略了中国为使人民币成为国际货币所花费的其他代价。

② 2004年之前我国基本上不对境外人民币支付利息。

③ 严格地讲，只有所有权属于非居民的人民币钞票才会给我国带来铸币税收入。有些在境内流通的人民币，其所有权属于非居民，这部分人民币也会给我国带来铸币税收入。而有些在境外流通的人民币，其所有权却属于本国居民，并不能给我国带来铸币税收入。为简单起见，我们忽略这方面的差别。

④ 使用这种方法可能会低估我国从境外获取的铸币税收入，因为有些属于境外居民的人民币通过非法途径回流到了我国的银行。而由于数据收集的困难，这部分人民币的铸币税无法计算。

表 7.1　　我国从 1988 年到 2012 年从境外获取的铸币税收入①

年份	1990	1991	1995	1996	1997	1998	1999
铸币税收入(单位:亿元人民币)	83.57	26.49	27.5	123.6	121.94	100.494	149.77
占当年 GDP 的比例(单位:%)	0.450 57	0.122 5	0.047	0.182	0.163 76	0.128 27	0.182 5
年份	2001	2002	2003	2005	2006	2009	2012
铸币税收入(单位:亿元人民币)	13.38	93.95	81.863	34.638	50.835	627.252	551.86
占当年 GDP 的比例(单位:%)	0.014 28	0.089 326	0.069 8	0.018 729	0.023 5	0.184	0.106 3

目前我国从境外流通的人民币中获取的铸币税收入具有如下的特点：

1. 从每单位滞留在境外的人民币中获取的铸币税收入高

原因有两个：①由于我国的资本项目还没有对外开放，除了香港居民拥有的人民币可以回流到深圳人民银行存款和我国的一些口岸金融机构吸收一些边境国家居民的人民币存款外，绝大多数境外的人民币没有正常的渠道投资到我国获取收益；②我国经济处于高速发展阶段，加上我国资金短缺，使得我国大陆的投资年收益率很高。

2. 人民币跨境流通的特点不利于我国获取铸币税收入

有三个人民币跨境流通的特点阻碍了我国境外人民币铸币税的获取：一是人民币跨境流通是“存量小，流量大”。其原因是人民币的资本账户还没有对外开放，境外的人民币没有正常的途径生息获利，只好通过购买我国商品等方式尽快花出去。二是境外的人民币有相当的比例是用来和我国进行边境贸易的，这部分人民币的境外滞留时间不会很长。三是有相当数量的境外人民币是通过非法途径输出去的。这些非法输出境外的人民币不会给我国带来有价值的经济资源，即不产生铸币税收入。人民币非法输出的途径主要是：①毒品走私。输出的人民币换来的是毒害人民身心健康的毒品。②境外赌博。通过赌博输出的人民币不仅不代表境外的经济资源向我国转移，而且会导致我国的经济资源向境外转移。③“洗”钱。通过跨国“洗”钱的方法把国内的“黑钱”变成“白钱”的直接后果是资本

① 1988 年、1989 年、1992 年、1993 年、1994 年、2000 年、2004 年、2008 年、2010 年和 2011 年没有人民币的净流出，故这几年没有人民币流出的铸币税收入。

外逃。"洗"钱的手法有很多，会导致人民币输出的手法是利用人民币现钞走私"洗"钱，通过这种方法输出的人民币本质上是我国资金的外逃，不会给我国带来铸币税收入。

3. 部分境外人民币的铸币税并不代表国外资源向我国转移

因为我们这里所研究的人民币跨境流通中的"境"是相对于货币区而言的。我国从香港、澳门和台湾地区流通的人民币中获取的铸币税收益并不是从外国获取的实际资源，而是资源在我国内部的不同地区之间的转移。当然，这种资源转移对我国也是有利的，因为香港、澳门和台湾是我国比较富裕的地区，资源从那里转移到大陆有利于消除我国的两极分化现象。

7.1.2 宏观经济政策上的灵活性

1994 年以来我国的经常项目都是顺差（见表 7.2），因此，我国宏观经济政策上的困难并不是经常项目逆差造成的紧缩性的财政政策和货币政策压力。相反，我国宏观经济政策上的困难是由于连年经常项目顺差造成我国的国际储备持续增加产生的风险，这种风险表现在两方面：一是外汇储备增加本身是有成本的；① 二是外汇储备增加造成的外汇占款的持续增加进而产生的通货膨胀压力。人民币的跨境流通对于缓解我国外汇储备持续增加的风险是有帮助的。首先，外国居民购买我国的商品可以直接使用人民币向我国的出口商进行支付（这种情况在我国的边境贸易上是非常普遍的）。这样，一方面可以减轻我国外汇储备持续增加的压力，另一方面也减轻了由于外汇占款而造成的通货膨胀压力。② 其次，部分人民币流到境外去了，直接减轻了我国通货膨胀的压力。所以，由于人民币的境外流通，使我国政府在近几年需要采取紧缩性的宏观经济政策的压力更小了。

---

① 我国的外汇储备已经远远超过了国际上公认的标准，即满足三个月的进口需求。过量的外汇储备对于一个发展中国家是十分不利的：首先，有很大的机会成本，这些外汇储备本来可以用在收益率很高的国内建设上，而现在却只能投资在收益率很低的美国国库券上；其次，是外汇可能贬值的风险，特别是由于我国经济的持续增长，从长远来看人民币对其他货币是要不断升值的，因此，持有过多的外汇将会给我国带来直接的资本损失。2005 年 7 月 21 日人民币对美元升值 2% 立刻就使我国的外汇储备的价值损失巨大就是一个很好的例子。

② 境外居民用人民币直接向我国出口商支付从短时期看也会造成我国的通货膨胀，但是，由于外国居民支付给我国出口商的人民币是外国居民在更早的时期通过向我国出口商品获得的，因此，这部分人民币在更早的时期就属于我国 M_1 或者 M_2 层次上的货币，从较长时期看，并没有给我国带来通货膨胀。

表 7.2　　我国经常项目余额　　（单位：亿美元）

年份	1994	1995	1996	1997	1998	1999
经常项目余额	76.58	16.18	72.42	369.63	314.71	211.4
年份	2000	2001	2002	2003	2004	2005
经常项目余额	205.19	174.05	354.22	458.75	686.59	1 324
年份	2006	2007	2008	2009	2010	2011
经常项目余额	2 318	3 532	420 600	2 433	2 378	2 017

注：资料来源：国家外汇管理局网站（www.safe.gov.cn）。

7.1.3　为我国创造更好的国际经济交易环境

1. 有利于改变旧的不合理的国际货币体系

目前的国际货币体系虽然是个多元化的体系，但是美元仍然在该体系中处于主导地位（见表 7.3）。一个国家的货币成为国际货币后，那么该国的经济政策就不仅仅是一个国家的经济政策了，而是对整个国际社会都会有影响的政策。负责任的国际货币发行国的货币政策就应该兼顾世界上其他国家的利益，而不能仅仅考虑自己的利益。但是，由于当前没有强有力的货币向美元挑战，美国的经济政策在国内利益和国际利益有冲突时，总是只考虑美国自身的利益。奥地利经济学家斯蒂芬（Stephan Schulmeister，2000）认为：正是美国的“只向内看”的货币政策导致了第二次世界大战后的国际经济不稳定，包括 20 世纪 70 年代的石油危机、20 世纪 80 年代拉丁美洲的金融危机和 20 世纪 90 年代的东亚金融危机。[①] 人民币的崛起对美元产生了一定的竞争，对美国的经济政策也新增加了约束：如果美国继续不顾其他国家的经济利益，那么美元的信誉将会受到影响，国际社会就可能会增加对人民币的使用而减少对美元的使用，从而使美国的利益受损。因此，美国政府的经济政策就必须从原来的“只向内看”转变为“内

① STEPHAN SCHULMEISTER. Globalization without global money: the double role of the dollar as national currency and world currency [J]. Journal of Post Keynesian Economics. Spring 2000, 22 (3): 365.

外兼顾”，国际经济环境就会有所改善。①

表 7.3　主要国际货币占各国政府外汇储备的比重——1995—2012 年

（单位：%）

年份＼币种	美元	马克	英镑	日元	法国法郎	瑞士法郎	欧元
1995	59.0	15.8	2.1	6.8	2.4	0.3	
1996	62.1	14.7	2.7	6.7	1.8	0.3	
1997	65.2	14.5	2.6	5.8	1.4	0.3	
1998	69.4	13.8	2.7	6.2	1.6	0.3	
1999	71.0		2.9	6.4		0.2	17.9
2000	70.5		2.8	6.3		0.3	18.8
2001	70.2		2.7	5.2		0.3	19.8
2002	66.5		2.9	4.5		0.4	24.2
2003	65.8		2.6	4.1		0.2	25.3
2004	65.9		3.3	3.9		0.2	24.9
2005	66.9		3.6	3.6		0.1	24.1
2006	65.5		4.4	3.1		0.2	25.1
2007	64.1		4.7	2.9		0.2	26.3
2008	64.1		4.0	3.1		0.1	26.4
2009	62.0		4.2	2.9		0.1	27.7
2010	61.8		3.9	3.7		0.1	26.0
2011	62.3		3.8	3.6		0.1	24.7
2012	61.9		4.0	3.9		0.1	23.9

注：上述国际货币占各国政府持有外汇储备的比重之计算，并不包括特别提款权。

资料来源：International Monetary Fund，IMF Annual report.

① 欧元（德国马克）和日元的崛起已经对美元构成了一定的威胁，但是，欧元（德国马克）和日元的国际使用并没有牵制住美国“只向内看”的经济政策。人民币的崛起增加了对美国“只向内看”的经济政策的牵制力，增加了使美国政府的经济政策由原来的“只向内看”转变为“内外兼顾”的可能性。

2. 有利于东亚经济环境的改善

东亚经济目前面临的一个突出问题是该区域缺少合适的“关键货币”。美元不能成为东亚的“关键货币”，原因是东亚经济和美国经济的周期不一致。20 世纪 90 年代的东亚金融危机主要就是东亚国家使用了太多的美元：因为在国际交易中主要使用美元，东亚国家就有必要保持自己货币与美元的稳定，结果东亚国家都将自己的货币钉住美元，但是由于东亚国家和美国的经济周期不一致，在 20 世纪 90 年代美元汇率由于美国经济的强劲而不断上升时，东亚国家的出口受到了严重的影响。国际炒家预期到东亚国家的货币无法维持对美元的钉住，对东亚货币进行投机攻击，金融危机因而爆发。危机过后，东亚国家一度放弃对美元的钉住，但是之后不久，许多东亚国家的货币又恢复钉住美元，这实属无奈之举，因为东亚国家目前还无法找到比美元更好的国际货币。日元虽然是区域内的强势货币，但是自 20 世纪 90 年代以来，日本经济长期低迷，经济结构和金融体系存在严重问题，以日本为统领的“东亚雁形结构”开始瓦解，日元的国际化进展不畅，政治上难以得到邻国信任，这些因素使得日元作为东亚核心货币的作用受到抑制，甚至失去了这种可能性。与此同时，中国的国力日益提升，人民币的国际地位越来越高，其影响力逐渐向周边国家扩展，成为地区结算货币，被誉为东亚“小美元”，显示了人民币替代当地货币、与替代美元的东亚货币合作及一体化的前景。中国的经济周期和东亚国家相似，而且，中国经济的持续高速增长有能力带动东亚国家一起增长。因此，人民币的周边流通、以人民币统一东亚货币、成为东亚“关键货币”就成为东亚经济走出困境的必然选择。

7.1.4 政治上的权力和声望

前面提到，国际货币在政治上的作用有点类似于核武器，正是因为我国拥有核武器，我国才成为世界上公认的政治大国，虽然我国从来没有动用过我国的核武器，但是只凭拥有核武器这一点，我国在国际事务上就拥有很大的发言权。如果我国的人民币在未来能够成为有影响力的国际货币，那么我国将会拥有另一种类型的核武器，我国就不仅仅是世界上的政治大国了，而且还是世界上的经济大国和金融大国，我国在国际事务中的权力和声望就会更大。目前，人民币主要是在我国周边的一些国家和地区流通，在东亚，甚至在整个亚洲，人民币的影响是明显的。[①] 在东亚货币合作中，人民币有望起主导作用。凭借目前的人民币周边流通，我国有望在东亚和整个亚洲的经济事务中发挥更大的作用。由于人民币目前在境外流通的规模还不是很大，我国从当前人民币的境外流通中所能够获取的权力和声望是极为有限的，但是，目前人民币的崛起对于保护我国目前的经济利益却是十分重要的。美国经济学家本杰明·J. 科恩（Benjamin J. Cohen, 2003）认为：今天各个国家的货币都互相激烈地竞争，各国货币的关系是相互冲突和等级分化的，弱币的处境相当不利。[②] 问题的核心是一个国家的政府在今天无法像在过去一样使它自己的货币在自己的领土内处于绝对的垄断地位，各国居民选择使用哪种货币是一种市场驱动的过程，本杰明·J. 科恩（1998，2003a）把这种过程称为“货币的反本土化”（Deterritorialization of Money）。国际上信用货币竞争遵循的是“良币驱逐劣币”[③] 的规律，国际上对强势货币的需求越来越大，而一些劣势货币则逐渐退出流通。货币竞争的结果是出现了“货币的金字塔”：越来越多货币被淘汰，少量的强势货币逐渐取代众多的劣势货币，处在“货币的金字塔”，最顶端的货币是最强的货币，越是往下面的货币，在货币竞争中处于越不利的地位。现在的货币竞争使得一国货币不进则退：你不占领别人的市场，别人就会占领你的市场，你不获取他国的铸币税收入，他国就要获取你的铸币税收入。人民币在当前的货币竞争中处于良好的态势之中，在“货币金字塔”呈现往上走的趋势。不仅避免了被“美元化”或者“欧元化”的丧失货币主权的命运，而且人民币开始走出国门，获取他国的铸币税收入。

① 显示人民币在亚洲的影响力的典型例子是马来西亚的汇率制度改革事件：在2005年7月21日，中国政府宣布人民币汇率制度改革的当天，马来西亚政府也宣布汇率制度改革，实行放弃钉住美元的浮动汇率制度。

② BENJAMIN J COHEN. The Geopolitics of Currencies and the Future of the International System. Paper prepared for a conference on The Geopolitics of Currencies and Oil, Real Instituto Elcano, Madrid, 7November 2003.

③ 在金属货币制度下，货币间竞争规律是“劣币驱逐良币”，亦称“格雷欣法则”。然而，在信用纸币条件下，货币间的竞争规律是信用好的、有强大经济支撑的货币取代信用差的、经济实力弱小的货币，“劣币驱逐良币”的法则最终转化为“良币驱逐劣币”法则。按照这个规律，世界上将有大量弱势货币被淘汰，只有少数强势货币能够存续，世界也将因此进入国际区域货币的时代。

7.1.5 有利于加强我国“两岸四地”之间的经济贸易联系

由于历史的原因，我国出现了“一国四币”的特殊货币制度，这种制度对于我国“两岸四地”的经贸交流是极为不利的，由于成本和风险的增加，我国“两岸四地”的经贸往来会受到影响。但是近几年出现了大量人民币在香港、澳门和台湾地区流通，“两岸四地”的经贸往来越来越多地使用人民币，便利了我国“两岸四地”的经贸往来。人民币在香港、澳门和台湾地区的使用为以后我国“两岸四地”的货币统一创造了条件，也为以后“大中华经济圈”的形成创造了条件。

7.1.6 有利于我国产业结构升级和技术进步

由于人民币的境外流通，越来越多的我国出口商品使用人民币标价和结算。我国要运用汇率政策来影响我国出口商品的竞争力就越来越困难了，原因是人民币汇率的变动不会改变以人民币标价的出口商品的价格。我国的出口商就只能依靠科学技术、提高产品的附加值等手段来提高出口商品的国际竞争力，因此，人民币的境外流通有利于我国产业结构升级和技术进步。

7.1.7 国内物价更加稳定

自从20世纪70年代布雷顿森林体系崩溃以来，国际汇率制度就进入浮动汇率时代。由于各国经济联系越来越紧密，主要国家货币汇率的波动成了各国物价水平激烈波动的重要原因之一。如果有越来越多的我国进口和出口商品使用人民币标价和结算，那么人民币汇率的变动对我国物价的影响就会越来越小，因为人民币汇率的变动不会影响以人民币标价的进出口商品的价格。这样可以使我国国内的经济较少地受外部因素的影响。

7.1.8 有利于我国利率和汇率的市场化改革

随着人民币在境外流通规模的扩大，香港人民币离岸金融中心终究会形成。到那时，人民币离岸金融中心的人民币利率和汇率是完全市场化的，可以作为境内人民币利率和汇率的指示器。事实上，目前在香港已经有了境外人民币的利率和汇率，由于香港银行的人民币业务中没有贷款，因此香港的人民币利率主要受境内人民币利率的影响，对境内人民币利率的确定的参考价值不大。但是，香港的人民币汇率是完全市场化的，反映了国际市场对人民币汇率未来的预期，因此，香港的人民币汇率对于我国确定人民币汇率水平具有一定的参考价值。

7.1.9 有利于中国香港地区经济的发展

香港作为国际性的金融中心，具有自由兑换的货币、稳健而且高效率的金融体系、及时的信息流动、高效的金融监管。但是，在亚洲金融风暴之后，香港国际金融中心的地位在逐年下降。例如香港的跨境借贷规模一度超过美国，但是在 1997 年金融风暴之后迅速下滑，目前仅仅与新加坡持平。香港市场上跨境负债业务占全球的市场份额也在迅速下降，1995 年这一比率还是 8.5%，到 2001 年年底就下滑为 2.4% 了。香港作为外汇交易中心的地位也在下滑，根据国际清算银行公布的调查，从每天的外汇交易量排名，香港已经从 20 世纪 90 年代中期的全球第 5 名下滑为 2001 年的第 7 名，2001 年年中，香港市场上的日均外汇交易量为 670 亿美元，较之 1998 年大幅下滑了 15%。① 目前香港正面临经济转型的难题，如何进一步发挥其金融中心的地位，抓住中国经济腾飞带来的商机，一直是香港金融界思索的大课题。随着人民币在境外流通规模的扩大，人民币离岸金融中心的出现将是必然的，而香港凭借其独特的优势必然会成为人民币离岸金融中心的首选城市。香港作为人民币离岸金融中心的地位一旦被确认，则无疑会给香港金融和经济发展注入新的活力，能重振香港国际金融中心的地位。事实上，由于目前我国政府已经允许香港经营部分人民币业务，香港的金融机构已经从人民币的境外流通中获得不少利益。截止到 2013 年 10 月，香港的人民币存款余额为 7 816 亿元人民币，② 仅考虑香港的清算银行——中银香港的手续费一项，就带来了 9.77 亿元人民币的利润。③

7.1.10 有利于我国边境地区经济的发展

近年来，我国与周边国家和地区的边境经贸往来一直保持着较快的发展势头。2002 年，根据海关统计，和我国毗邻的 12 个国家和地区（不含中国香港和中国台湾地区）与我国的边境贸易额超过了 260 亿美元，并呈

① 巴曙松. 香港：人民币离岸金融中心［J］. 改革与理论，2002（7）.
② 参见香港金融管理局网站。
③ 中银香港手续费的费率是 0.125%。

现出进一步增长的势头。在我国的边民互市和边境小额贸易中，人民币已经被广泛用作计价、支付和结算货币，其在我国周边国家的流通量不断增加。为了进一步推动人民币在我国边境贸易中的使用，中国人民银行先后与越南、蒙古、老挝、尼泊尔、俄罗斯、朝鲜和吉尔吉斯斯坦等国签署了关于边境贸易的结算协定。主要内容包括：允许人民币及对方国家货币用于两国边境贸易结算；商业银行可互设本币账户办理银行结算服务；商业银行可在边境地区设立两国货币兑换点；商业银行可在海关备案后调运大额人民币现钞进行清算。由于人民币的使用使得边境贸易的进行更加方便，我国的边境贸易（边民互市贸易和边境小额贸易）规模将会进一步扩大，这对我国边境地区的经济发展非常有利，由于我国边境地区大多属于少数民族地区，因此，人民币的周边流通有利于我国各民族的团结和稳定。

7.1.11 推动人民币的完全可兑换进程

人民币在境外部分国家和地区的流通，是在完全没有政府行为的情况下，自发形成的一种货币流通机制。从某种意义上说，人民币在这些国家和地区已经实现了自由兑换。这种基本上由民间力量推动，并自发形成的人民币的自由流通与兑换首先说明了人民币自由兑换是有市场基础的；其次为以后人民币全面地自由兑换积累了经验；再次，使得我国对人民币资本项目的管制效果大打折扣。因此，人民币在周边部分国家和地区事实上的自由兑换，将呼吁中国有关决策部门和专家学者正视并研究人民币地位等新问题，最终促进人民币的完全可自由兑换进程。

7.1.12 有利于缓解我国外汇储备增长过快的压力

近几年我国的外汇储备数量突飞猛进，现在已经是世界第一。外汇储备过快地增长使我国面临许多风险，使人民币处于持续的升值压力之中。人民币的境外流通可以使境外居民直接使用人民币购买我国的商品和劳务，从而在某种程度上缓解了我国的外汇储备过快增长，部分解决了我国的流动性过剩问题。

7.2 人民币跨境流通微观层面上的正面经济影响

7.2.1 有利于我国外贸企业的发展

我国外贸企业的进出口贸易越来越多地使用人民币进行结算，这有利于降低我国进出口贸易的成本和风险。因为使用人民币结算，我国的外贸企业就不会有汇率变动的风险了，也就没有必要对进出口套期保值了。人民币用作我国国际贸易的结算货币对我国外贸企业的发展意义特别重大，原因是：

（1）如果使用外币结算，我国外贸企业要承担汇率变动的风险，一般情况下，承担了汇率风险的一方在商品的价格上要得到补偿，即进口商品价格要低些，出口商品的价格要高些。但是，由于我国的大部分出口产品仍处于国际分工价值链的低端环节，附加值不高，在国际市场上的核心竞争力不强，而我国的很多进口产品又具有刚性，都是一些我国无法生产但又必须购买的高科技产品，因此，我国的外贸企业在国际市场上讨价还价的能力不强，承担汇率变动风险而获得的价格折让不多。

（2）我国的出口产品主要是劳动密集型产品，产品的主要优势是价格优势。如果使用人民币进行结算，成本和风险的降低有利于我国的外贸企业进一步对其出口商品的降价，使我国出口商品的价格优势得到更大的发挥。

（3）我国的金融市场还不发达，用来规避汇率风险的金融产品不多，管理汇率风险的人才也不多，因此，使用外币结算对我国的外贸企业特别不利。

（4）人民币汇率的弹性会不断放大，如果使用外币结算，今后的进出口贸易的汇率风险会越来越大。在人民币汇率弹性不断加大的情况下，不断增加人民币的结算对我国的外贸企业的意义特别重大。

7.2.2 有利于我国企业对外投资

中国企业近年积极向周边国家直接投资，比如，与东南亚接近的中国云南、重庆和广西等省市的企业，正密切关注东南亚市场，它们不仅努力使自己的商品成为这个市场的畅销货，而且纷纷在越南、印度尼西亚等国家直接投资设厂。但是，在目前人民币不能自由兑换的情况下，我国对外投资主要是通过国际货币的投放来实现。据统计，我国90%以上的境外投资项目投资金额在300万美元以下，境外加工贸易项目平均投资金额为220万美元，其中一半以上在100万美元以下，而发达国家对外投资项目的平均投资金额在600万美元左右，发展中国家在450万美元左右。国内企业的境外投资规模普遍偏小，这说明企业普遍面临资金短缺的问题，这已成为国内企业扩大境外投资的最大制约因素。人民币境外流通后，我国的企业就可以用人民币对周边国家和地区进行投资，一方面，使投资资金来源充裕，投资能力大大增强；另一方面，可以大大降低汇率变动导致的投资风险，节省的外汇资金可以集中用于对欧美等西方发达国家的投资和经贸合作，进一步扩大投资规模，提高外汇资金的使用效率。

7.2.3 规模经济效应

由于直接使用人民币进行贸易结算带来成本和风险的降低，我国的出口企业就有可能扩大生产规模，原来由于成本或者风险的原因生产的产品只在国内销售的部分企业也可能扩大产量用来出口，因此，由于人民币的境外流通，我国企业的生产规模有扩大的趋势，这样就可以获得规模经济的好处。

7.2.4 有利于我国金融机构的发展

目前，我国的金融机构从人民币的境外流通中获取的好处主要有两个方面：一是由于人民币的周边流通，我国的边境贸易规模不断扩大，为边境贸易提供服务的一些边境地区的金融机构的业务收入提高了；二是香港的人民币业务使内地相关金融机构增加了业务收入。内地银行主要在三个方面涉及香港人民币业务：第一，内地银行发行的个人人民币银行卡可以在香港用于消费支付或者少量提现；第二，香港发行的人民币银行卡在内地使用时，内地银行可以作为香港人民币卡的收单行；第三，内地银行可以接受香港居民个人一定数额的人民币汇款。

7.2.5 有利于居民消费者福利的提高

首先，由于我国进口企业的成本和风险的降低，进口商品的价格可以降低，进口商品价格的降低又有可能导致国内生产的同类商品价格的降低，同时，一些原先由于成本或者风险的原因不进口的商品由于使用人民币结算而进口了，国内消费者可能能够消费以前不能消费的商品，所有这些都使我国的消费者获益；其次，我国内地居民出国旅游、探亲和留学时不必再把人民币兑换成外汇了，节省了时间和手续费支出；再次，我国居民从人民币的境外使用中获得了一种民族自豪感，一种精神上的满足感，这也是福利的增加。

7.2.6 一些从事人民币与外币汇兑的民间金融机构获利丰厚

根据香港警署提供的资料，香港目前共有610个登记法人从事汇款及货币找换业务，其中有店面的约400个（又称找换店），这类法人一般既做找换业务又做汇款生意。有些登记法人不设店面，只在家中摆放一部传真机即办起了业务，但多以汇款为主。与银行相比，找换店拥有了价格好、营业时间长、方便快捷等优势。因此，其人民币找换业务占据了市场总量的百分之八九十。找换店中又以“牛记”的业务量为最大，是香港人民币现钞业务的批发兼零售商，不少银行在人民币现钞头寸短缺时都去找“牛记”。汇款代理商和找换店在办理人民币汇款时，资金本身并不离境，只是在内地和香港银行分别开立的人民币和港元账户上做增减，时间上短则一两天，多则三五天，到账迅速，安全可靠，收费低廉，5万元以上不收手续费，5万元以下只收60元的手续费。①

据报道，深圳存在许多从事深港之间地下汇兑的地下钱庄，“庄主”几乎清一色是广东潮州人和汕头人。深港两地通过地下钱庄买卖外汇的过程如下：假定一位深圳的汇款人现在需要将一笔现金汇给其在香港的收款人。第一步，该汇款人将现金付给在深圳的经纪人，并取得汇款授权密码。第二步，深圳的经纪人通过电话、传真或电子邮件将该信息通知其在香港的经纪人，并告知汇款授权密码。第三步，深圳的汇款人将汇款授权密码告知其在香港的收款人。第四步，香港的收款人向香港的经纪人说明其汇款授权密码，核对无误后，从该经纪人手中得到汇款。在不涉及资金跨境转移的情况下，整个交易类似于“背对背贷款”。反之，如果居于香港的一位汇款人需要将一笔现金汇给居于内地的收款人，其程序完全相仿。地下钱庄内部本外币的转移，最常见的途径就是通过地下通道来偷运

① 张丽娟，孙春广．人民币在香港流通、使用情况考察［J］．改革，2002（5）．

资金。据警方介绍，深圳地下钱庄经纪人将现金运输到香港的途径很多，其中主要包括：通过“水客”分批过境；直接偷渡运送；与香港走私公司配合，通过假订货合同、假单证把钱汇出等。[①] 深圳地下钱庄“庄主”通过深港之间地下汇兑业务获取了数量可观的佣金收入。

7.2.7 有利于我国的金融机构降低货币的流动性风险

如果国际交易严重地依赖于美元，我国的金融机构就必须确保获取外国货币的流动性。因为美元的结算在纽约，在跨境的外汇交易过程中就存在滞后的风险（又称为赫斯塔德风险，Herstatt Risks[②]）。相反，如果在亚洲使用以人民币为基础的交易，就几乎不会有时间的滞后，可以预期亚洲和我国金融机构的这种风险就会降低。所以，转向以人民币标价的国际金融交易对我国的金融机构是非常必要的，因为它可以降低外汇流动性的风险和涉及外国货币结算的风险。

① 席秀梅．深圳香港间地下钱庄调查——人民币金融管制失效［J］．环球财经，2004（9）．

② 1974 年 6 月 26 日下午 3：30，德国的赫斯塔德银行（Bankhaus Herstatt）宣告破产，这是一家中型却在外汇交易市场上非常活跃的银行。破产当日，该行的交易对手不可撤消地支付了大笔西德马克给这家银行，却因美国的金融市场此时尚未开市而无法收到相应的美元，产生了著名的“赫斯塔德风险”。

8 人民币跨境流通的负面经济影响

8.1 人民币跨境流通宏观层面上的负面经济影响

8.1.1 对我国货币政策独立性的影响

对货币政策独立性的影响主要是指人民币频繁地跨境流通对我国货币政策效果的影响，比如说，当我国增加货币供给量时，增加的货币流到境外去了；当我国减少货币供给量时，境外的人民币又流入境内，从而使我国的货币政策失效。就现阶段来说，人民币的跨境流通对我国的货币政策的影响有以下几个特点：

（1）对我国货币政策的影响很小。原因是我国的资本项目还没有对外开放，人民币的跨境流通主要是现钞流动，而现钞流动又与人员流动和商品流动并行，人民币在境外聚集的数量不会很多，人民币突然大规模的回流可能性不大，同时，中国人民银行已向香港地区、澳门地区银行提供了人民币清算安排；与越南、蒙古、俄罗斯等国家签订了边境贸易结算协议。这些措施可以保证人民币有序回流。因此，人民币在周边国家流通对我国货币政策造成的影响不会很大。

（2）现阶段的境外人民币相当部分是通过我国的边境贸易流出的，回流的人民币也有相当的比例是通过边境贸易，因此，目前的人民币跨境流通可能对我国边境地区的货币供给量的影响大些，对我国边境地区的物价水平有一定的潜在影响。

（3）目前人民币的境外流通处于初始阶段，但是，境外对人民币的需求将会持续增加，随着境外对人民币需求的不断增加，人民币汇率可能会处于持续的升值压力之中。人民币持续的升值，一方面使我国的出口面临困难，另一方面也会因为我国持有巨额的外汇储备资产而遭受资本损失。

（4）由于境外流通的人民币中有相当的部分是在我国的香港、澳门和台湾地区流通，因此，人民币的境外流通不仅会影响我国大陆地区货币政策的独立性，也会影响我国香港、澳门和台湾地区货币政策的独立性。

下面，我们建立一个简单的模型来分析人民币在我国香港流通对我国货币政策独立性的影响，至于人民币在我国的澳门和台湾地区流通对我国货币政策独立性的影响也可以做类似的分析。

在我们简单的模型中，假设整个世界只存在两个地区 A 和 B，A 代表中国大陆，B 代表中国香港。每个地区各自供应自己的货币资产人民币 C_A 和港币 C_B。假定在两个地区都存在一群在他们的现金余额投资组合中持有人民币 C_A 和港币 C_B 现金余额的居民，第 j 个人持有的这两种货币实际余额的比例被假定为是：

$$m_J(r)=\left(\frac{c_A}{c_B}\right)_J \tag{8.1}$$

这里的 $c_A=\frac{C_A}{P_A}$ 是货币 A 的真实余额，$r=\frac{i_B}{i_A}$ 是持有 C_B 和 C_A 真实余额的机会成本的比例，当 r 上升时，m_J 也假定会上升，假定模型开始处于均衡状态，于是每个个人对真实余额的需求恰好就等于他所持有的现金余额。给定持有 C_A 和 C_B 的机会成本，我们假定每个个人对其持有的现金余额资产组合进行了调整，于是他对是多持有一点 C_A 还是多持有一点 C_B 无所谓。我们的分析是从假定大陆货币当局增加人民币供应开始的，至于大陆货币当局减少人民币供应对我国货币政策的影响可以进行相反的分析。

现在假定大陆地区的货币当局增加人民币 C_A 的供应，港币 C_B 的供应保持不变。假定货币的增加有两种方式：一种是一次性增加；另一种是以一个从零到某一正数的固定的比率增加。我们将依次考虑这两种方式。在这两种情况下，我们开始假设对于人民币 C_A 数量变化的调整完全通过 P_A 的变化进行，紧接着我们会放松这个假设。

（1）一次性的货币增加。

假设大陆地区货币当局非预期地决定一次性增加人民币 C_A 的数量，为了便于说明，假定每个人的现金余额都在开始持有的基础上按比例增加。如果经济开始处于均衡状态，这种货币冲击将需要调整以使经济恢复到均衡状态。在我们的模型中，我们只对四个变量的可能调整感兴趣。首先，货币冲击如何影响利率 i_A？其次，利率 i_A 的变化将要求真实余额比例 m 如何调整？再次，为了重新回到均衡，价格 P_A 要如何变化？最后，前三个变量的变化会引起人民币 C_A 在大陆和香港之间的重新分配吗？我们将依次回答这几个问题。

如果人民币 C_A 一次性增加，货币资产 C_A 的实际数量相对于其他用 C_A 表示的资产的实际价值将会上升，为了额外的 c_A 被吸收掉，借入 c_A 余额的成本必须下降，于是 C_A 的增加会导致 i_A 的下降，然而，因为我们假设 C_B 和用 C_B 表示的其他资产的实际价值保持不变，借入 c_B 余额的机会成本将保持不变，于是 r 值将会上升。

r的上升使得相对多持有 c_A 忽然显得更有吸引力，于是m也会上升，但是m不是仅仅在大陆上升。既然我们假定了世界上任何地方的个人都面对同样的持有某种货币真实余额的机会成本。因此，m将在大陆和香港地区都上升。所以新的均衡和开始的均衡相比在两个地区都有一个更高的m值。

在新的均衡中，另外两个条件需要考虑：第一，是在各地 C_A 的供应必须等于 C_A 的需求，各地 c_A 的供应等于 c_A 的需求时该条件将会被满足；第二，如果各地的货币供应都等于货币需求，那么整个世界的货币需求就等于整个世界的货币供应。这两个条件将会引起 P_A 的上升和 C_A 在大陆和香港之间的重新分配。

比如，为了使整个世界的货币需求等于货币供应，C_A 的真实余额的超额供应必须被消除，一种可能是 P_A 上升足够的程度以完全消除大陆的超额供应。这种解决方法的根源在于 C_A 的供应的所有增加都发生在大陆的事实。但是，当供应的所有增加都发生在大陆时，需求的所有增加却不会只发生在大陆。m值需要在两个地区都上升，这意味着甚至在一个不变的 P_A 下，在香港地区将会有对 C_A 的超额需求。于是，当这种 P_A 的上升消除大陆超额供应时，它仅仅会使香港地区的超额需求上升。既然这种价格上升不能完全消除对 C_A 的世界超额需求，它就不会是一种均衡的价格上升。显然，世界均衡需要一个更小的 P_A 上升，但是，更小的 P_A 上升会产生大陆的 C_A 的超额供应。于是最后均衡时的 P_A 上升幅度由大陆地区 C_A 的超额供应恰好和香港地区对 C_A 的超额需求相等时决定。

当 P_A 的上升使得 C_A 市场出现世界均衡时，并没有使得这个市场在两地区内达到均衡。P_A 上升不能同时使世界和地区市场达到均衡的原因在于需求在两个地区都上升时，供应却只在一个地区上升。要使地区市场出清，唯一的办法是在 P_A 使世界市场均衡时，C_A 从存在超额供应的大陆地区流向存在超额需求的香港地区。于是，大陆地区的 C_A 的一次性增加导致了 C_A 在两个地区之间流动。

（2）以一个从零到某一正数的比率增加 C_A。

现在假定大陆货币当局决定定期地增加人民币 C_A，货币当局通知本地区居民将要以一不变的比率增加 C_A 的数量。同样地，我们对r、m、P_A 的变化和 C_A 在两地区之间的分配感兴趣。和一次性增加货币相比，按一个不变的比率增加 C_A 的供应量会引起通货膨胀预期，这种预期会引起 i_A 上升，i_A 上升会使r下降，r的下降会引起两地区的个人减少对 C_A 实际余额的持有，最终导致两地区的 m 都下降。

在各个时期 P_A 的随后上升可以被分成两个部分，维持各个地区初始真实余额水平的上升和使 m 从其初始水平降下来的上升。引起 P_A 上升的第二个根源将在人民币供应增加的第一个时期起作用，在随后的时期不再起作用。比如，考虑第一个时期，在大陆地区 C_A 已经增加，暂时不考虑 m 所需要的变化，这种分析和货币的一次性增加非常相似。为了使 C_A 的世界供应等于世界需求，P_A 必须上升。但是，为了使两地区 C_A 的供应都等于 C_A 的需求，C_A 必须从大陆地区流向香港地区。于是货币的增加又造成了货币在地区之间流动。

但是通货膨胀预期会造成 i_A、m 值不再保持不变。m 在两地区都要降低。假设反应是对称的，那么 m 值在两地区降低的比例将会一样。这种调整将会伴随 P_A 的一次性上升，上升的幅度和 m 值下降的幅度一样。P_A 的这种上升将会在两地区足够地减小 c_A，以至于不再要求 C_A 在两地区之间流动。

因此，P_A 的两次上升中只有第一次会引起 C_A 流动，并且还是从大陆地区流向香港地区。进一步地，一旦 m 的水平调整到与预期的通货膨胀相一致的水平，将不再存在驱动 P_A 上升的第二种根源的力量。在随后的时期，P_A 的调整仅仅是使真实余额维持在 m 从人民币供应增加的第一个时期降下来的水平上（此时的 m 值与通货膨胀预期相一致），正像上面所揭示的，这种调整需要 C_A 从大陆地区流向香港地区，所以 C_A 的持续上升会产生 C_A 在各个时期的流动。

（3）允许 P_B 也调整。

到现在为止，我们假设当 C_A 增加时，真实余额水平的所有调整都是通过 P_A 的上升进行的。然而，如果货币是可以互相替代的，至少部分调整有很大的可能性是通过 P_B 的上升来进行的。当大陆地区的 C_A 增加时，全世界真实余额水平将会上升到世界的总需求水平之上。到现在为止，我们都是假定真实余额是通过 c_A 的降低回到均衡水平的，但是通过 P_B 的上升，从而降低 c_B 可以达到同样的效果。而且，降低 c_B 会对 m 产生同样的影响，比如，在 C_A 是一次性增加的情况下，P_B 的上升将有助于使 m 上升至所需要的水平，从而使 P_A 不必上升至前面所述的水平。

（4）结论。

从上面的分析可知，人民币供应的增加会使人民币从大陆流向香港，一方面抵消了大陆货币政策的效应，另一方面使香港的货币供应被动地增加，同时，由于人民币供应增加而引发的通货膨胀也会传播到香港。由此可见，由于人民币和港币的双向流通，中国大陆货币当局的货币政策效果会被部分地抵消，同时，大陆的货币政策会影响到香港的货币供应量和物价水平。

8.1.2 对我国宏观经济政策的约束

考虑到人民币的境外流通，我国政府对宏观经济政策的使用将不能像以前那样随心所欲了。

（1）我国的货币政策将不是只对我国有影响，而是对其他国家和地区的经济也会有所影响。因此，我国在制定货币政策时不能只考虑国内的经济情况，而是要同时兼顾其他国家和地区的经济情况。

（2）我国的财政政策和货币政策都要考虑其对人民币币值的影响。由于要维持或者扩大人民币的境外流通规模，人民币汇率必须保持稳定。如果我国的财政政策和货币政策威胁到人民币汇率的稳定，境外对人民币的需求就会受到影响。

（3）解决我国国际收支问题的人民币汇率贬值政策受到约束，一方面，人民币汇率贬值会影响境外对人民币的需求，另一方面，由于结算货币是人民币，人民币汇率的贬值对我国的进出口将不会有影响。

8.1.3 巨额人民币的非法流出对我国经济产生严重的不良影响

1. 人民币非法流出的途径①

（1）毒品走私。

随着人民币跨境流通的增加，人民币不仅成了边境贸易的结算货币，也成为了毒品走私贸易的主要结算币种，人民币因毒品走私而大量流出。

（2）境外赌博。

在中国周边国家靠近中国边境地区，以人民币为赌资建立的大大小小的赌场最初只限于云南边境，由于开办赌场收益颇丰，亦是最好的吸纳人民币的方式，中国周边国家相继出现了专门为中国人开办的赌场，其规模和数量均处在上升态势，形成了包围中国的赌博圈。说这些赌场是专门为中国人开设的，是因为它们大都建在同中国接壤的边境地区；90% 以上的

---

① 刘力臻，徐奇渊．人民币非法流出的防范对策［J］．东北师大学报：哲学社会科学版，2005（3）．

参赌者是中国人；参赌货币主要是人民币和港币；中国的腐败大案很多与贪官携带资金出境赌博有关。2004 年 12 月上旬，在由北京大学中国公益彩票事业研究所与澳门旅游博彩技术培训中心等联合举办的我国首个公开探讨博彩业的国际学术研讨会上，专家显示的数字为中国每年的赌资外流人民币达 6 000 亿元。

（3）跨境“洗”钱[①]。

有资料显示，每年通过地下钱庄“洗”出到境外的黑钱在 2 000 亿元人民币左右，相当于国内生产总值的 2%。现阶段，境外“洗”钱主要是通过四种方式实现的：①利用地下钱庄“洗”钱。地下钱庄大多具有境外网络，“洗”钱过程是通过境内人民币资金的收付和境外外汇资金的收付进行的，它利用账户划转资金，其手法比较隐蔽，跟踪调查取证存在很大困难。②利用进出口贸易“洗”钱。这种方式是将非法获得的“黑钱”混入合法的对外贸易中，达到资金性质转换和资金境外转移的目的，或利用高报或低报进出口价格的方式进行“洗”钱。从人民币流出的角度看，犯罪分子主要是将“黑钱”混进合法的进口贸易中，并通过高报进口价格将“黑钱”转到境外，同时隐去了“黑钱”的性质。③利用创办企业“洗”钱。不法分子或犯罪组织通过在境内外设厂将非法所得融入其中，并将资金汇出国外再以外商投资名义来境内设厂，再将收入转移境外。④利用现金走私“洗”钱。有些跨境“洗”钱集团，专门走私现钞，将其存入境外银行，其中由腐败而生的非法所得经过汇兑转移海外的行为不在少数。

2. 人民币非法流出的危害

巨额人民币的非法流出，给中国经济内外都会造成危害：第一，资金外逃对国内投资产生的不良影响。国内投资规模缩小，就业减少，人民生活质量下降，损害国内经济的增长。第二，外逃资金投机性回流对中国金融秩序造成的冲击。资产价格急剧膨胀，引发泡沫经济和虚假繁荣，甚至

---

① “黑钱”、“漂洗”称为“洗钱”（Money Laundering），是指将非法获得的货币收入，通过各种手段掩饰、隐藏其来源和性质，使其在形式上合法化的行为。现代各国法律对“洗钱”的解释不完全相同。反洗钱比较权威的金融机构巴塞尔银行的法规及监管实践委员会从金融交易角度对“洗钱”进行了描述：犯罪分子及其同伙利用金融系统将资金从一个账户向另一个账户支付或转移，以掩盖款项的真实来源和受益者所有权关系；或者利用金融系统提供的资金保管服务存放款项。即常言之“洗钱”。从司法角度看，“洗钱”是一种“犯罪屏障”，既妨碍了司法活动，也助长了犯罪分子有恃无恐的气焰，促使他们不断实施犯罪。从金融管理秩序角度来看，“洗钱”活动往往借助于合法的金融网络清洗大笔黑钱，这不仅扰乱了金融管理秩序而且也严重破坏了公平竞争规则，破坏了市场经济主体之间的自由竞争，从而给正常稳定的经济秩序带来严重的负面影响。

会成为金融危机的导火索。第三，刺激国内的各种犯罪活动。如果只能使用外币在境外赌博和走私毒品，由于获取外币的困难，参与境外赌博和走私毒品的国内居民不会很多，但是，现在使用人民币就可以进行这些非法活动，这将会刺激更多的国内居民参与进去。人民币的跨境“洗”钱为国内的不法分子（主要是一些贪官和走私分子）提供了把通过不正当渠道获取的人民币收入合法化的途径，使得国内的犯罪分子更加放肆地从事犯罪活动，获取各种非法收入。

8.1.4 境外人民币的利率和汇率会冲击境内人民币的利率和汇率

随着境外人民币流通规模的扩大，香港人民币离岸金融中心迟早会形成，到那时就会有完全市场化的境外人民币的利率和汇率。如果境内利率和汇率市场化改革的步伐跟不上，那么境外完全市场化的利率和汇率就会对境内利率和汇率的管制构成冲击。大规模人民币资金的跨境套利和套汇将使得我国政府根据境内经济的发展情况确定利率和汇率的水平更加困难。而且，国际投机分子可能会在人民币离岸金融中心积累人民币头寸，瞄准时机专门对我国的利率和汇率进行冲击。目前，在香港已经有了人民币的存款利率，境外人民币的汇率也已经存在（香港、台湾和新加坡等地都有人民币的汇率），由于香港还没有人民币贷款业务，因此香港人民币的存款利率主要是跟着内地人民币存款利率跑，对境内的人民币利率管制不会有影响，但是，境外人民币的汇率是完全市场化的，市场预期对境外人民币汇率影响很大，市场人士有可能根据境外人民币利率水平来预测境内人民币汇率的未来走势。如果境内外人民币汇率走势不一致，就有可能引发大规模的投机活动，对我国政府对境内人民币汇率的管理构成威胁。

8.1.5 对我国国际收支统计的影响

人民币的输出就是我国对外负债的增加，或者说是资金的内流。目前我国国际收支的统计中没有考虑到人民币的输出，因此人民币的跨境流通对我国国际收支平衡表的统计有一定的影响。

8.1.6 向其他国家提供外汇储备的负担

人民币首先是在我国周边的一些国家和地区流通，所以，最先考虑把人民币当作外汇储备的应该是我国周边的国家和地区。2009 年年底，我国周边主要国家和地区（俄罗斯、蒙古、哈萨克斯坦、巴基斯坦、印度、缅甸、越南和我国的香港、澳门及台湾地区）的外汇储备总额为 12 490.7 亿美元。如果以后我国在“东盟 10 + 3”[①] 的合作中占据主导地位，“东盟 10 + 3”中除中国大陆以外的国家和地区也将要考虑把人民币当作它们的外汇储备，除我国周边国家之外的“东盟 10 + 3”的主要成员（菲律宾、新加坡、泰国、印度尼西亚、马来西亚、日本和韩国）在 2009 年年底的外汇储备总额是 13 400.9 亿美元（见表 8.1）。如果我国周边国家和“东盟 10 + 3”成员在未来的外汇储备中有一半是人民币，则我国需要向它们提供 12 945.8（12 490.7 与 13 400.9 之和的一半）亿美元的储备资产。[②] 这种情况对我国维持人民币币值的稳定提出了严峻的挑战。

表 8.1　我国周边主要国家和东盟“10 + 3”主要成员 2009 年年底的外汇储备

（单位：亿美元）

国家（地区）	香港	印度	印度尼西亚	日本	韩国	哈萨克斯坦
外汇储备	2 557.7	2 585.8	605.7	9 969.6	2 652	201.8
国家（地区）	蒙古	缅甸	巴基斯坦	菲律宾	新加坡	泰国
外汇储备	12.2	14.7	99.4	375.1	1 860.1	236.7
国家（地区）	俄罗斯	澳门	台湾	越南	马来西亚	
外汇储备	4 058.3	183.5	2 617	160.3	117.0	

资料来源：统计局. 国际统计年鉴（2011）[M]. 北京：中国统计出版社，2001.

① “东盟 10 + 3”是指东盟 10 国（即东南亚国家联盟，包括菲律宾、新加坡、泰国、印度尼西亚、马来西亚、文莱、越南、缅甸、柬埔寨、老挝）和东亚 3 国（中国、日本、韩国）。

② 假定我国周边国家（地区）和“东盟 10 + 3”成员未来的外汇储备额维持 2009 年年底的水平不变——这实际上是不可能的，即我国向它们提供的储备资产的数量应该大于上面算出来的数字。

8.1.7 人民币跨境流通会引起我国的利率、汇率和收入的频繁波动①

我们应用 IS—LM 模型来分析人民币跨境流通对我国利率、汇率和收入的影响。②

1. 固定汇率制度下人民币的跨境流通会导致我国利率和收入水平的波动

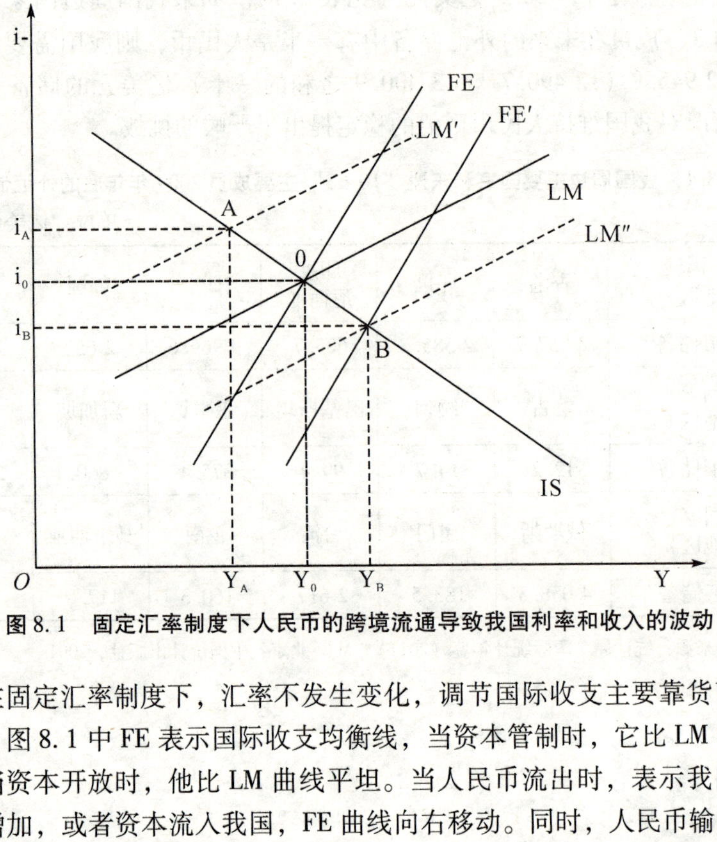

图 8.1 固定汇率制度下人民币的跨境流通导致我国利率和收入的波动

在固定汇率制度下，汇率不发生变化，调节国际收支主要靠货币量的变化。图 8.1 中 FE 表示国际收支均衡线，当资本管制时，它比 LM 曲线陡峭，当资本开放时，他比 LM 曲线平坦。当人民币流出时，表示我国对外债务增加，或者资本流入我国，FE 曲线向右移动。同时，人民币输出使得我国境内的货币供给量减少，LM 曲线向左移动到 LM′，与 IS 曲线相交于点 A，在 A 点，货币市场与商品市场达到均衡，但是国际收支出现顺差。

① 殷剑峰（1999）通过 IS－LM 模型，分析了开放经济爆发金融危机的宏观制度背景。该部分内容借鉴了他的分析方法。

② 下面的分析假设我国的利率和汇率已经市场化了。

在固定汇率制度下，国际收支顺差的出现使得人民币承受了升值的压力，为了维持汇率不变，我国的货币供给量增加，LM′曲线移动到 LM″。货币量的增加通过两个渠道使国际收支恢复平衡：第一，使利率下降，投资增加并通过乘数效应使产出增加，最后导致进口量上升；第二，利率下降，通过资本外流或者资本流入减少，使得资本项目盈余减少。从图 8.1 可以看出，在固定汇率制度下，当人民币流出时，我国的利率先升后降，收入先减后增。

2. 浮动汇率制度下人民币的跨境流通会导致我国利率、汇率和收入水平的波动

在浮动汇率制度下，货币供给量不受国际收支的影响，调节国际收支失衡主要靠汇率的变化，见图 8.2。

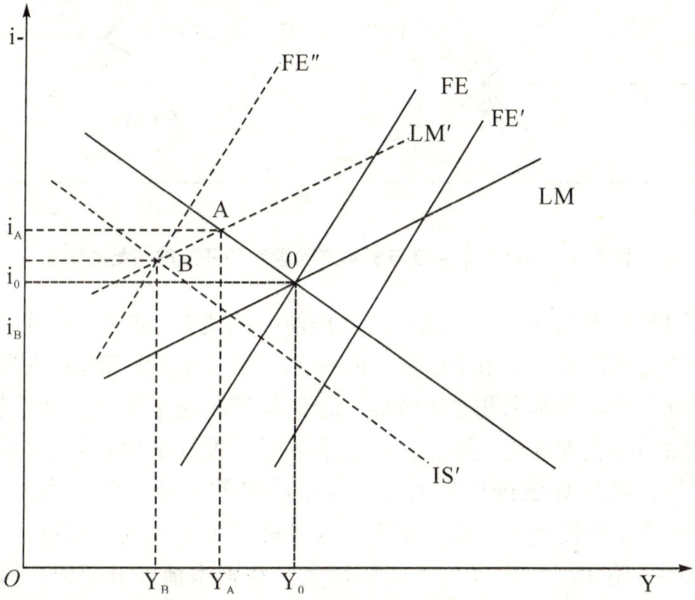

图 8.2　浮动汇率制度下人民币的跨境流通导致我国利率、汇率和收入的波动

人民币的流出使得曲线 FE 移动到曲线 FE′，曲线 LM 移动到曲线 LM′，货币市场和商品市场在点 A 处均衡，国际收支出现顺差。由于顺差的出现，汇率将立刻反应，人民币升值，曲线 IS 移动到曲线 IS′，出口下降，进口增加，并通过乘数效应使产出进一步下降，升值使得曲线 FE′移

动至曲线 FE″，最后 IS′、LM′和 FE″相交于点 B，内外部实现均衡。[①]

从图 8.2 可以看出，在浮动汇率制度下，当人民币流出时，人民币汇率会升值，收入会下降，利率是先上升，后下降。

3. 在不同的资本项目管制方式下，人民币跨境流通导致我国利率和汇率水平波动的幅度不一样

（1）固定汇率制度与资本流动管制和开放的搭配。

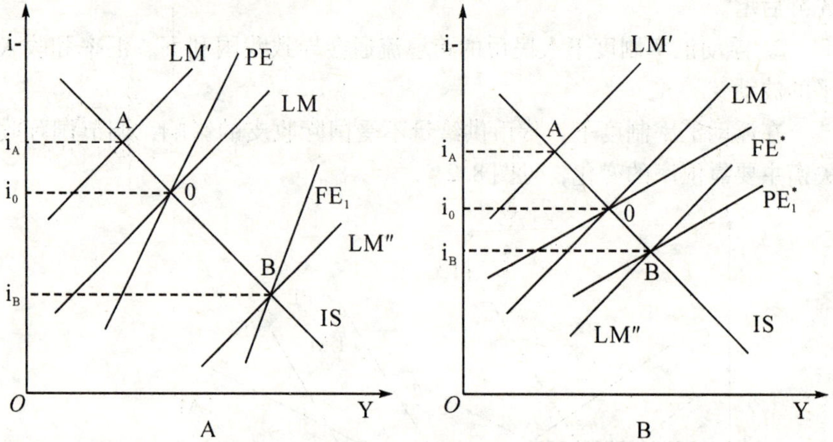

图 8.3　固定汇率制度与资本流动管制和开放的搭配的情况

在固定汇率制度下，人民币的流出使得曲线 FE 右移，曲线 LM 左移，为了维持汇率不变，货币量增加，曲线 LM 再右移。图 8.3A 和图 8.3B 分别表示资本流动管制和开放的情形。无论是管制还是开放，货币量都要增加以消除国际收支顺差：第一，使利率下降，投资增加并通过乘数效应使产出增加，最后导致进口量上升、经常项目的盈余下降；第二，利率下降，增加资本外流或减少资本流入。两者有一重要差别：在资本项目管制时，FE 线的位移大，利率的下降幅度大；在资本流动开放时，FE 线的位移小，利率的下降幅度小。原因如下：

令资本流动管制时的 FE 线为：

$$C(i) = M(E, Y) - X(E, Y^-) \quad (8.2)$$

其中，i 为国内利率，E 为汇率，Y 为本国国民收入，Y^- 为外国国民收入，M 为本国进口，X 为本国出口。$dM/dE<0$，$dM/dY>0$，$dX/dE>0$，dX/

① 外部均衡恢复的原因是：一方面，汇率的升值使出口下降，进口增加，经常项目出现逆差；另一方面，汇率升值又使资本外流，资本项目顺差减少。

$dY^- > 0$，C（i）为流入国内的净资本流入量，$dC/di \geq 0$。

在固定汇率制度下，汇率不变，外国国民收入也假设不变，因而出口不变，对（8.2）式求全微分，得：

$$\left(\frac{dC(i)}{di}\right) di = \left(\frac{dM}{dY}\right) dY \tag{8.3}$$

（8.3）式表示资本流动的微量变化要与进口的微量变化相等，以使国际收支保持平衡。现在假定忽然发生人民币流出，实际效果相当于资本忽然内流，令 S 为人民币流出量，dS 为人民币流出的微量变化。此时，要使国际收支趋于平衡，（8.3）式要变为：

$$\left(\frac{dC(i)}{di}\right) di + dS = \left(\frac{dM}{dY}\right) dY \tag{8.4}$$

现在，令资本流动开放时的 FE^* 线为：

$$C^*(i) = M(E, Y) - X(E, Y^-) \tag{8.5}$$

重复以上步骤，可以得到在人民币忽然流出、资本项目开放时的国际收支的变化：

$$\left(\frac{dC^*(i)}{di}\right) di^* - dS = \left(\frac{dM}{dY}\right) dY^* \tag{8.6}$$

用（8.6）减（8.4）得：

$$\left(\frac{dC^*(i)}{di}\right) di^* - \left(\frac{dC(i)}{di}\right) di = \left(\frac{dM}{dY}\right) dY^* - \left(\frac{dM}{dY}\right) dY \tag{8.7}$$

在（8.7）式中，由于资本项目开放、资本流动对利率的敏感性大于资本项目管制时，即$\frac{dC^*(i)}{di} > \frac{dC(i)}{di}$，假定国民收入的微量变化相等，即 $dY^* = dY$，可得 $di^* < di$。因此，在固定汇率制度下，资本项目管制时的人民币跨境流通会使得我国的利率波动幅度大于资本项目开放时的情形。

（2）浮动汇率制度与资本流动管制和开放的搭配。

在浮动汇率制度下，人民币的忽然流出引起的国际收支顺差将导致人民币汇率发生升值，使出口减少，进口增加，经常项目出现赤字，同时人民币汇率的升值使得资本流出，资本项目的盈余减少，最后国际收支恢复平衡。图 8.4A 和图 8.4B 分别是资本项目管制与开放的情形，由于图 8.4A和图 8.4B 中的 IS 和 LM 曲线完全一样，我们假定产出波幅一样，这就意味着利率的波幅也一样。于是，我们重点比较汇率的变动。

设冲击的微量变化为 dS。先看管制时的情形。根据前面的式子

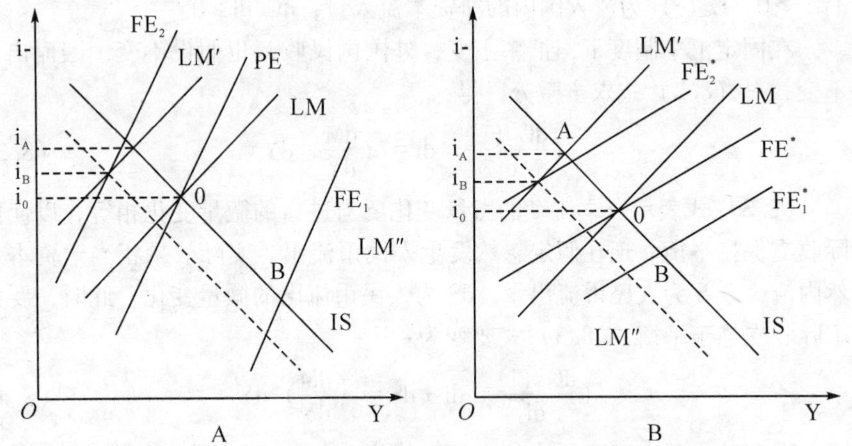

图 8.4　浮动汇率制度与资本流动管制和开放的搭配的情况

(8.2)，在冲击后资本项目和经常项目的微量变化为：

$$\left(\frac{dC\ (i)}{di}\right)\ di + dS = \left(\frac{\partial M}{\partial Y}\right)\ dY + \left(\frac{\partial M}{\partial E}\right)\ dE - \left(\frac{dX}{dE}\right)\ dE \quad (8.8)$$

再看开放时的情形。根据（8.5）式，冲击后的微量变化为：

$$\left(\frac{dC^*\ (i)}{di}\right)\ di^* + dS = \left(\frac{\partial M}{\partial Y}\right)\ dY^* + \left(\frac{\partial M}{\partial E}\right)\ dE^* - \left(\frac{dX}{dE}\right)\ dE^* \quad (8.9)$$

以（8.9）减去（8.8），并整理得：

$$\left(\frac{dX}{dE} - \frac{\partial M}{\partial E}\right)\ (dE^* - dE) = \left(\frac{\partial M}{\partial Y}\right)\ (dY^* - dY) + \left(\frac{dC\ (i)}{di}\right)\ di - \left(\frac{dC^*\ (i)}{di}\right)\ di^* \quad (8.10)$$

根据假设，$dY^* = dY$，此时，因图 8.4A 和图 8.4B 中的 IS 与 LM 曲线完全相同，必然有 $di = di^*$。由于资本项目管制下利率对资本流动的影响小于资本项目开放下的影响，即$\frac{dC\ (i)}{di} < \frac{dC^*\ (i)}{di}$，因此，（8.10）式的左右两端都小于零。而左端第一个括弧内的值是大于零的，所以第二个括弧内的值必然小于零，即 $dE^* < dE$。

由此，当人民币忽然流出时，浮动汇率制度与资本流动管制的搭配比浮动汇率制度与资本跨国流动开放的搭配使本国汇率波动更大。

8.1.8 影响我国对资本项目管制的效果

1. 我国对资本项目管制的目标

我国对资本项目管制的理论基础是，现代经济学的大规模的资本跨国流动（尤其是脱离实体经济的金融资本的跨国流动）会对一国造成不利的影响的观点。西方发达国家20世纪30年代的经济危机、拉美国家的债务危机、汇率机制（ERM）解体和东南亚金融危机等一系列经验表明，资本自由流动具有一系列的负面作用，主要体现为：

（1）固定汇率下的资本自由流动使得国内货币当局丧失货币政策独立性，从而丧失了利用货币政策稳定宏观经济的政策空间。

（2）当投资者对宏观经济基本面或者是国内微观经济结构信心动摇时，资本的自由流动可能会带来货币危机或者金融危机。

（3）很多发展中国家的经验表明，资本项目管理放松之后带来的大量资本流入会导致国内需求的膨胀和价格上升，真实汇率在价格上升的作用下升值，国内产业的出口竞争力降低。

（4）当国内资本市场发育还不完善、市场监管还很不健全时，资本的自由流动会带来很多投机性资本，破坏国内资本市场的稳定和持续发展。

（5）当国内对于产权或者是收入保护不利时，资本自由流动可能会带来大量的财富转移，破坏国内的资本积累和经济增长。

鉴于以上资本自由流动带来的诸多有利和不利的影响。资本项目管理的目的在于克服资本自由流动所带来的不利因素，在资本自由流动的各项弊端当中，资本自由流动使得实施固定汇率制的货币当局丧失货币政策独立性，从而丧失调节宏观经济稳定能力显得尤为突出。宏观经济基本面的不稳定会直接导致资本自由流动带来的其他不利影响的迅速膨胀。一系列货币危机和金融危机的例子表明，当宏观经济基本面不稳定时，国际资本往往会在短时间内大量外流，居民财富转移，资本市场的急剧动荡，以及货币危机或者是金融危机都浮出水面。因此，具体定义资本项目管理目标时，资本管制目标和其他宏观经济政策目标一样，可以定义为稳定宏观经济基本面，或者说是宏观经济稳定同时保障经济增长。在这个目标之下资本项目管理可以尽量避免资本自由流动带来的种种不利影响。

2. 我国对资本项目管制的方法

（1）实行直接投资鼓励政策，对外商直接投资只进行真实性审核。除出于环境和安全考虑，对极少数行业对外商直接投资进行限制外，其他行业基本上已经开放，尤其是按照加入世界贸易组织（WTO）的承诺，开始分阶段、分层次允许外商投资金融、保险、证券等行业。同时，实行外商投资企业外汇登记制度，外商投资资本金经批准允许结汇。而对外商投资企业清盘、撤资、转股后属于外方投资者的资金，只需经外汇局审核真实性后即可购汇汇出。

（2）严格控制对外借债，逐渐实现全口径管理。对短期外债实行余额管理，对中长期外债实行计划指标管理。限制对外借债主体，除外商投资企业在注册资本与投资总额的差额内可自行对外借债外，其他境内中资机构原则上要通过符合条件的金融机构对外借债，并需要事前获得有关部门批准。将外资银行对外借款和 3 个月短期贸易融资纳入外债统计。

（3）谨慎开放证券投资，防范国际资本流动性冲击。只允许我国投资者投资中国境内发行的 B 股和在境内发行的 H 股、N 股等外币股票及外币债券，2002 年 12 月实行合格境外机构投资者（QFII）制度，允许合格境外投资者在一定规模和限制下汇入一定额度的外汇资金并转换为人民币，通过严格监管的专门账户投资当地证券市场。

3. 人民币跨境流通对我国资本项目管制的影响

（1）影响了我国控制短期资本跨境流动的效果。

我国政府控制短期资本流动的方法是实行人民币资本项目不可自由兑换，使得我国的短期资本无法流出，境外的短期资本也无法进来。但是，目前人民币在境外是可以自由兑换成外币的，尤其是在香港，人民币与港币事实上已经是可以自由兑换了，而港币又是完全可以自由兑换的国际货币，所以，通过人民币与港币的兑换和港币与其他外币的兑换，人民币就可以和港币以外的货币兑换了。这样就使得人民币成了事实上可以自由兑换的货币。由于人民币事实上的可兑换性，我国政府对短期资本跨境流动实行管制的效果就要受到影响。首先，境内外的短期资本会由于套利和套汇跨境流动。当境外利率高于境内利率时，境内的人民币会流出，在境外把人民币兑换成外币，再把外币存入外国银行套利，当境内利率高于境外利率时，套利者会在境外把外币兑换成人民币，再把人民币存入我国的银行。同样，当外国居民预期人民币汇率会升值时，投机者会在境外把外币兑换成人民币，再把人民币投资到我国，当我国居民预期外币会升值时，他们会把人民币输出到境外，在境外把人民币兑换成外币。其次，人民币事实上的可兑换性影响了我国对跨国证券投资的管制。境内居民只要把人民币输出到境外，在境外把人民币兑换成外币，就可以投资外国的证券了。境外居民在境外把外币兑换成人民币，把人民币输入我国，就可以投资我国的 A 股市场。

（2）影响了我国对外国直接投资的管理。

由于外国直接投资对弥补我国资金不足、引进技术和外国先进管理经验有帮助，我国出台了许多优惠政策吸引外商直接投资，为了获得优惠政策的好处，国内的一些不法分子先把人民币输出到境外，再把人民币返回到境内投资，就可以获得各种优惠政策。目前，我国的“假外资”现象越来越猖獗。根据商务部研究院梅新育博士的估计，2004 年我国吸引的外资中有三分之一是“假外资”，即大约有 200 亿美元的“假外资”。[①] “假外资”对我国的经济造成了严重的不利影响：财政税收的减少、为资本外逃埋下隐患[②]和助长各种违法活动[③]。引发“假外资”的原因有很多，人民币的跨境流通是其中的重要原因之一。

（3）影响我国对外债的管理。

人民币的流出就是我国对外负债的增加，外国居民凭借手中持有的人民币随时可以通过购买我国商品的方式要求我国偿还对其的债务。由于人民币流出的数量是无法控制和无序的，使得我国政府对外债规模的管理处于失控之中，境外的人民币回流的时间又是不确定的，造成我国政府对外债的偿还期限也无法控制，如果由于人民币汇率等原因，外国居民积累的人民币忽然大规模回流，这相当于大量的外债忽然到期，就会对我国的经济产生很大的负面影响。

8.1.9 地缘政治[④]的恶化

由于人民币的境外流通会威胁美国、日本和欧洲国家的铸币税收益，可能会引起我国与美欧日关系的恶化。因为人民币目前主要是在我国周边的一些国家流通，因此，当前人民币的境外流通对日本的威胁最大，原因

---

① 王小波. 我国引进的外资中三成是国内资本［N］. 经济参考报，2004－08－24.

② 进行虚假投资通常都具有将境内资产外部化的动机，企业利用境内外公司之间的关联关系使相互之间的资产转移更为便利。外资企业可以通过价格转移、利润汇出、股权转让、关联交易等方式将资金汇出，实现资本的对外转移。

③ 很多民营企业在外资化过程中，往往离不开地下钱庄的支持。由于企业投资所需转换的资金量往往很大，时间集中，无疑给地下钱庄提供了新的“业务增长点”，助长了外汇非法交易活动。此外，更多的违法犯罪活动，诸如逃汇、骗购外汇、偷逃税、非法转移国有资产、“洗”钱、腐败等不法行为都可能在“假投资”过程中不断滋生。

④ 地缘政治主要是指国际大国为了国际事务上的支配权而互相竞争的关系。冲突是地缘政治的核心，地缘政治关系是动态的、策略性的和等级化的。

是日本把亚洲地区当作日元国际化的首要阵地。人民币和日元在亚洲对主导货币的竞争可能会给中日关系带来阴影。[①] 同时，人民币在境外替代其他国家的货币也可能引发其他国家居民的不满，造成我国和有人民币流通国家关系的紧张。

8.1.10 伪造人民币现象将更趋严重

一般来说，纸币流通的广度与假币出现的概率是成正比例的。美元是世界上流通最广泛的货币，同时也是假币最多的货币。人民币流出境外，人民币造假问题也会比人民币境外流通前更为严重[②]，也就需要投入更多的人力和财力防假、打假。如果措施不力，必将危及人民币的国际信誉。

8.2 人民币跨境流通微观层面上的负面经济影响

8.2.1 企业经营环境恶化

人民币跨境流通可能会引起境内物价、利率和汇率频繁波动，导致境内企业面临的不确定因素增加，经营环境恶化。

8.2.2 金融机构经营风险加大

（1）由于无法确认非居民手中的人民币存量，境内银行面临境外人民币集中返存和大量提现的压力，如果集中提取存款，容易引发支付危机，甚至发生挤提事件，造成不良后果。

（2）由于我国边境地区的金融机构把境外人民币当作重要的存款来源，互相展开激烈的竞争，竞争过度导致经营成本和风险的增加，甚至引发违规操作的发生。

---

① 当前人民币的周边流通已经引起了日本朝野的震惊和“非难”。2001 年 4 月，日本挑起了中日贸易关税战；2002 年年末日本又指责中国人民币汇率低估，使得日本在对华贸易中处于不利地位；2003 年 2 月，日本财长盐川正十郎在 7 国集团财长会议上提交议案，要求通过一项类似于《广场协议》的文件以逼迫人民币升值。

② 根据 2003 年 12 月 11 日《联合早报》的报道，香港发现的人民币伪钞有逐年增加的趋势。香港警方从 2000—2002 年检获的人民币伪钞数目分别为：551 张、485 张及 1 029 张，2003 年的前十个月发现的假人民币钞票有 1 068 张。

(3) 如果由于人民币的境外流通出现了香港的人民币离岸金融中心，那么香港银行进行人民币吸存会导致内地银行资金源的分流，而香港银行开展的人民币贷款业务则会加剧内地本已十分激烈的贷款市场竞争。这对于目前尚不成熟完善的内地银行来说无疑是较大的冲击。

8.2.3 输出人民币的机构和个人面临亏损的风险

如果输出人民币时却以其他货币，比如美元为结算货币，那么如果人民币在未来升值，输出人民币的机构和个人就要遭受损失。在日元国际化时，输出日元就以美元为结算货币，结果当日元大幅度升值时，输出日元的机构遭受了巨大的损失。

8.2.4 投资境外证券市场的机构和个人面临很大的风险

由于人民币在境外成了事实上可以自由兑换的货币，境内一些机构和个人通过各种渠道输出人民币，在境外把人民币兑换成外币去炒港股[①]和美股，由于境内居民对境外证券市场了解不多，风险很大。

8.2.5 境内证券市场的投资者面临的风险加大

由于境内居民有许多途径把人民币转移到境外，投资境外的证券市场，因此，如果境内居民预期境外证券市场行情好转，就会把资金从境内的证券市场撤出到境外的证券市场上去，从而使境内证券市场因为资金撤走而行情下滑，使投资境内证券市场的投资者遭受损失。

8.2.6 从事边境贸易的企业面临假币的风险加大

大量人民币在境内外流通，使得人民币制假贩假现象增加。人民币伪钞在我国的边境贸易中屡见不鲜，使许多边境贸易商深受其害。

① 据估计，2001 年约有 20 亿元的资金游走在内地和香港两地股市之间，专门炒作 H 股和红筹股。见 2001 年 6 月 18 日《深圳商报》。

9　人民币境外流通对我国经济影响的实证分析

9.1 数据的选择与实证方法

9.1.1 数据的选择

在开放经济下，一国经济的均衡发展可归结为内部均衡与外部均衡的协调发展。内部均衡主要表现为价格稳定、充分就业、经济增长等目标的实现；而外部均衡则主要是通过国际收支的均衡来反映。在本书中，我们选取1988—2011年消费物价指数年增长率（通货膨胀率）、城镇登记未就业人数、国内生产总值GDP和财政赤字作为内部均衡的指标，选取1988—2011年的净出口额、外债流量、外汇储备和人民币名义汇率作为外部均衡的指标。1988—2011年的人民币境外流通规模的数据来自前面测算出来的数据，城镇登记未就业人数（单位：万人）来自历年的《中国劳动统计年鉴》，消费物价指数、国内生产总值GDP（单位：亿人民币元）、财政收支差额（单位：亿人民币元）、净出口额（单位：亿人民币元）、外债流量（单位：亿美元）、外汇储备（单位：亿美元）和年平均人民币名义汇率（单位：人民币/美元）来自历年的《中国统计年鉴》，通货膨胀率（单位:%）用居民消费物价指数的年变动率来表示。如表9.1、表9.2所示。

表9.1　人民币境外流通对我国经济影响的实证分析的相关数据（一）

年份＼变量	境外流通人民币（亿元人民币）	P（1+通胀率）	GDP（亿元人民币）	城镇登记失业人数（万人）	财政赤字（亿元人民币）
1988	-566.36	1.188	14 928.3	296	133.97
1989	-766.96	1.18	16 909.2	378	158.88
1990	68.754	1.031	18 547.9	383	146.49
1991	333.67	1.034	21 617.8	352	237.14
1992	151.33	1.064	26 638.1	364	258.83
1993	-56	1.147	34 634.4	420	293.35
1994	-2 129	1.224	46 759.4	476	574.52
1995	-1 854	1.171	58 478.1	520	581.52

表9.1(续)

年份＼变量	境外流通人民币（亿元人民币）	P（1+通胀率）	GDP（亿元人民币）	城镇登记失业人数（万人）	财政赤字（亿元人民币）
1996	-617.9	1.083	67 884.6	553	529.56
1997	601.5	1.028	74 462.6	570	582.42
1998	1 606.4	0.992	78 345.2	571	922.23
1999	3 104.2	0.986	82 067.5	575	1 743.59
2000	3 068.3	1.004	89 468.1	595	2 491.27
2001	3 202.1	1.007	93 714.8	681	2 516.54
2002	4 141.5	0.992	105 172	770	3 149.51
2003	4 960.2	1.012	117 252	800	2 934.7
2004	2 066.4	1.039	142 394	827	3 191.77
2005	2 412.783	1.018	184 937.37	839	24 031.67
2006	2 921.135 7	1.015	216 314.43	847	27 072.62
2007	-448.945	1.048	265 810.31	830	30 334.32
2008	-1 805.392 3	1.059	314 045.43	886	34 218.96
2009	4 467.129	0.993	340 902.81	921	38 246.97
2010	4 422.652	1.033	401 512.80	908	44 628.17
2011	739.913	1.054	473 104.05	922	6 090

表9.2　　人民币境外流通对我国经济影响的实证分析的相关数据（二）

年份＼变量	净出口（亿元人民币）	外汇储备（亿美元）	外债流量（亿美元）	人民币名义汇率（人民币/美元）	
1988	-288.4	33.72	98.03	3.722 1	
1989	-243.8	55.50	12.96	3.765 1	
1990	411.5	110.93	112.46	4.783 2	
1991	428.4	217.12	80.16	5.323 3	
1992	233	194.43	87.6	5.514 6	

表9.2（续）

变量 年份	净出口（亿人民币元）	外汇储备（亿美元）	外债流量（亿美元）	人民币名义汇率（人民币/美元）	
1993	-701.4	211.99	142.52	5.762	
1994	461.7	516.2	92.33	8.618 7	
1995	1 403.7	735.97	137.84	8.351	
1996	1 019	1 050.29	96.85	8.314 2	
1997	3 354.2	1 398.9	146.85	8.289 8	
1998	3 597.5	1 449.6	150.83	8.279 1	
1999	2 413.4	1 546.75	57.87	8.278 3	
2000	1 995.6	1 655.74	-61	8.278 4	
2001	1 865.2	2 121.65	243.8	8.277 0	
2002	2 517.6	2 864.07	12.5	8.277 0	
2003	2 092.3	4 032.51	222.74	8.277 0	
2004	2 648.6	6 099.32	349.62	8.276 8	
2005	1 341	8 188.72	335.525	8.191 7	
2006	2 327	10 663.40	420.43	7.971 8	
2007	3 540	15 282.49	506.302	7.604 0	
2008	4 124	19 460.30	9.429 25	6.945 1	
2009	2 611	23 991.52	384.857	6.831 0	
2010	3 054	28 473.38	1 202.9	6.769 5	
2011	1 551	31 811.48	1 460.6	6.458 8	

9.1.2 实证方法

首先对1988—2011年消费物价指数年增长率（1+通货膨胀率）、城镇登记未就业人数、国内生产总值GDP、财政赤字、净出口额、外债余额、外汇储备和人民币名义汇率与人民币境外流通的规模进行相关性分析；如果它们之间具有相关性，就建立描述这些变量之间关系的计量模型，使用最小二乘法进行回归分析；如果回归结果中的 t 统计量、调整的可决系数和 F 统计值都通过了检验，再进行自相关性和异方差检验；如果随机误差项存在自相关性和异方差，则对原模型进行修正；最后，找出经过综合比较后最佳的模型。

9.2 人民币境外流通对我国内部均衡影响的实证分析

9.2.1 人民币境外流通与我国的通货膨胀率（P）

1. 相关性分析

	M	M（-1）	M（-2）
P	-0.812 186	-0.549 797	-0.284 728

可见，我国的通货膨胀率和人民币境外流通规模的相关性很高，和滞后 1 期的人民币境外流通规模也具有相关性，但是和滞后 2 期的人民币境外流通规模不具有相关性。

2. 建立模型

$$P = \alpha_0 + \alpha_1 M + u \tag{9.1}$$

回归分析的结果为：

Variable	Coefficient	Std. Error	t - Statistic	Prob.
C	1.101 188	0.013 090	84.124 14	0.000 0
M	-3.11E-05	5.76E-06	-5.391 816	0.000 1

R - squared	0.659 645	Mean dependent var	1.069 535
Adjusted R - squared	0.636 955	S. D. dependent var	0.080 061
S. E. of regression	0.048 240	Akaike info criterion	-3.115 145
Sum squared resid	0.034 906	Schwarz criterion	-3.017 120
Log likelihood	28.478 73	F - statistic	29.071 68
Durbin - Watson stat	1.003 977	Prob（F - statistic）	0.000 075

分析：

（1）常数项和 M 的 t 统计量在 1% 的水平是显著的。

（2）方程的拟合度还可以。

（3）DW = 0.997 7，给定显著性水平 α = 0.05，查表得，在 n = 17，$k^{\prime}=1$ 时，$d_L=1.133$，$d_U=1.381$，因为 DW 统计量小于 d_L，因此，随机误差项存在正的一阶自相关，要修正模型。

3. 修正模型，加入 AR（1）和 AR（2）

Variable	Coefficient	Std. Error	t - Statistic	Prob.
C	1.088 054	0.011 041	98.550 97	0.000 0
M	-2.64E-05	5.37E-06	-4.915 866	0.000 5
AR（1）	0.659 528	0.224 345	2.939 791	0.013 5
AR（2）	-0.595 734	0.215 874	-2.759 643	0.018 6

R - squared	0.828 438	Mean dependent var	1.054 273
Adjusted R - squared	0.781 648	S. D. dependent var	0.072 124
S. E. of regression	0.033 702	Akaike info criterion	-3.719 319
Sum squared resid	0.012 494	Schwarz criterion	-3.530 506
Log likelihood	31.894 89	F - statistic	17.705 56
Durbin - Watson stat	1.952 385	Prob（F - statistic）	0.000 161

分析：

（1）常数项、M、AR（1）H 和 AR（2）各自系数的 t 统计量在 1% 水平上显著，说明它们对因变量都有很强的解释能力。

（2）调整的 R^2 值为 0.78，比原方程提高了拟合度。

（3）F 统计值在 1% 水平上高度显著，说明变量间呈高度线性，变量间高度显著。

（4）异方差检验：

F - statistic	0.029 144	Probability	0.971 346
Obs * R - squared	0.072 507	Probability	0.964 396

检验统计量　　　$nR^2=0.0725<14.0671$

其中 $\chi^2_{0.05}(7)=14.0671$ 是临界值，因此在 5% 的显著性水平上，无法拒绝原假设，不存在异方差。

（5）DW = 1.952 385，给定显著性水平 α = 0.05，查表得，在 n = 15，$k^{\prime}=3$ 时，$d_L=0.814$，$d_U=1.750$，因为 $d_U<d<4-d_U$，所以不存在一阶自相关性。

4. 最终模型

$$P = 1.088 - 0.000\,002\,64M + u(t)$$
$$(98.55)\quad(-4.915)$$
$$u(t) = e(t) + 0.659\,5e(t-1) - 0.595\,7e(t-2)$$
$$(2.94)\qquad\qquad(-2.76)$$

可见，人民币境外流通规模同我国的通货膨胀率之间存在负向关系，人民币境外流通量每增加 1 亿元，我国的通货膨胀率降低 0.000 264%。

9.2.2 人民币境外流通与我国的城镇登记失业人口数（U）

1. 相关性分析

	M	M（-1）	M（-2）
UNEM	0.736 522	0.771 26	0.749 507

可见，未就业人数与人民币境外流通规模以及人民币境外流通规模滞后 1 ~2 期的相关性都很高，其中，同滞后 1 期人民币境外流通规模的相关性是最高的。

2. 建立模型

$$UNEM = \alpha_0 + \alpha_1 M(-1) + u \qquad (9.2)$$

Variable	Coefficient	Std. Error	t - Statistic	Prob.
	517.629 3		14.557 60	
C	0.048 614	0.012 848	3.783 793	0.002 3
M（-1）	0.989 949	0.000 602	1 645.512	0.000 0
MA（1）	35.557 31		0.000 0	

R - squared	0.850 953	Mean dependent var	552.187 5
Adjusted R - squared	0.828 022	S. D. dependent var	155.512 6
S. E. of regression	64.491 40	Akaike info criterion	11.338 30
Sum squared resid	54 068.83	Schwarz criterion	11.483 16
Log likelihood	-87.706 41	F - statistic	37.110 27
Durbin - Watson stat	1.260 398	Prob（F - statistic）	0.000 004

分析：

（1）常数项、M（-1）和 MA（1）的系数的 t 统计量在 1% 的水平是显著的。

（2）方程的拟合度非常好。

（3）F 统计值在 1% 水平上高度显著，说明变量间呈高度线性，变量间高度显著。

（4）DW = 0.479 419，给定显著性水平 $\alpha = 0.05$，查表得，在 $n = 16$，$k' = 2$ 时，$d_L = 0.982$，$d_U = 1.539$，因为 $d_U < d < 4 - d_U$，所以不存在一阶自相关性。

（5）异方差检验：

White Heteroskedasticity Test：

F - statistic	0.122 148	Probability	0.886 021
Obs * R - squared	0.295 125	Probability	0.862 809

检验统计量　　　$nR^2 = 0.295\ 125 < 11.070\ 5$

其中 $\chi^2_{0.05}(5) = 11.070\ 5$ 是临界值，因此在 5% 的显著性水平上，无法拒绝原假设，不存在异方差。

3. 最终模型

$$UNEM = 517.63 + 0.048\ 6M(-1) + u(t)$$
$$(14.557\ 6)\quad(3.783\ 8)$$
$$u(t) = e(t) + 0.989\ 9e(t-1)$$
$$(1\ 645.5)$$

可见，人民币境外流通对我国的未就业人口有正向的促进作用，但这个作用有一期的时滞。滞后一期的人民币境外流通规模每增加 1 亿元，就会引起我国的未就业人口增加 0.486 个。

9.2.3　人民币境外流通与我国的 GDP

1. 相关性分析

	M	M（-1）	M（-2）
GDP	0.726 906	0.772 565	0.808 852

可见，我国的 GDP 与人民币境外流通规模以及人民币境外流通规模滞后 1 ~2 期的相关性都很高，其中，与滞后 2 期的人民币境外流通规模的相关性是最高的。

2. 建立模型

$$GDP=\alpha_0+\alpha_1 M(-2)+u \quad (9.3)$$

在分析中，加入了 MA（1），提高方程的拟合性。

Variable	Coefficient	Std. Error	t - Statistic	Prob.
C	64 135.84	8 899.678	7.206 535	0.000 0
M（-2）	12.023 57	3.924 715	3.063 552	0.009 8
MA（1）	0.802 026	0.235 927	3.399 462	0.005 3

R - squared	0.791 814	Mean dependent var	70 495.78
Adjusted R - squared	0.757 116	S. D. dependent var	36 527.98
S. E. of regression	18 002.18	Akaike info criterion	22.611 23
Sum squared resid	3.89E+09	Schwarz criterion	22.752 84
Log likelihood	-166.584 2	F - statistic	22.820 33
Durbin - Watson stat	0.883 829	Prob（F - statistic）	0.000 081

分析：

（1）M 的系数在 1% 的水平上显著，AR（1）和 MA（1）的系数在 5% 的水平上高度显著，说明这两个解释变量对因变量（GDP）有很强的解释能力，不能从模型中去掉任何一个解释变量。

（2）方程的调整的 R^2 检验值为 0.757，方程的拟合度还行；F 统计量在 1% 水平上显著，反映变量间呈高度线性，回归方程高度显著。

（3）D. W = 0.883 8，可以排除残差自相关。

（4）异方差检验

White Heteroskedasticity Test:

F - statistic	1.530 320	Probability	0.255 874
Obs * R - squared	3.048 316	Probability	0.217 804

在 5% 显著性水平上无法拒绝原假设，模型不存在异方差。

3. 最终模型

$$GDP=64\,135.84+12.024M(-2)+u(t);$$
$$(7.206\,5)\quad(3.064)\qquad\qquad(3.4)$$

$$u(t)=e(t)+0.802e(t-1)$$

可见人民币境外流通对我国的 GDP 起了促进的作用，境外流通的人民币每增加 1 亿元，GDP 就增加 12.024 亿元。

9.2.4 人民币境外流通与我国的（中央）财政赤字（Deficit）

1. 相关性分析

	M	M（-1）	M（-2）
Deficit	0.853 735	0.918 595	0.893 506

可见，我国的财政赤字与人民币境外流通规模以及滞后1~2期的人民币境外流通规模高度相关，其中，同滞后1期的人民币境外流通规模的相关性是最高的。

2. 建立模型

$$Deficit = \alpha_0 + \alpha_1 M(-1) + u \tag{9.4}$$

Variable	Coefficient	Std. Error	t - Statistic	Prob.
C	787.215 4	132.861 8	5.925 071	0.000 0
M（-1）	0.506 099	0.058 192	8.697 019	0.000 0

R - squared	0.843 816	Mean dependent var	1 269.520
Adjusted R - squared	0.832 661	S. D. dependent var	1 180.572
S. E. of regression	482.938 4	Akaike info criterion	15.314 12
Sum squared resid	3 265 214.	Schwarz criterion	15.410 70
Log likelihood	-120.513 0	F - statistic	75.638 13
Durbin - Watson stat	0.849 430	Prob（F - statistic）	0.000 001

分析：

（1）常数项和M（-1）的t统计量在1%的水平是显著的。

（2）方程的拟合度非常好。

（3）F统计值在1%水平上高度显著，说明变量间呈高度线性，变量间高度显著。

（4）DW = 0.849 4，给定显著性水平 $\alpha = 0.05$，查表得，在 $n = 16$，$k' = 2$ 时，$d_L = 0.982$，$d_U = 1.539$，因为 $d_U < d < 4 - d_U$，所以不存在一阶自相关性。

（5）异方差检验

White Heteroskedasticity Test：

F - statistic	2.411 678	Probability	0.128 588
Obs * R - squared	4.329 920	Probability	0.114 755

检验统计量 $nR^2 = 4.33 < 11.0705$

其中 $\chi^2_{0.05}(5) = 11.0705$ 是临界值，因此在5%的显著性水平上，无法拒绝原假设，不存在异方差。

3. 最终模型

$$Deficit = 787.2154 + 0.5061M(-1)$$
$$(5.9251) \quad (8.697)$$

可见，人民币境外流通对财政赤字存在正向的促进作用，但这个作用有一期的时滞。滞后一期的人民币境外流通规模每增加1亿元，就会引起财政赤字增加0.506亿元。

9.3 人民币对我国外部均衡影响的实证分析

9.3.1 人民币境外流通与我国的净出口（EXPR）

1. 相关性分析

	M	M（-1）	M（-2）
EXPR	0.598 528	0.441 519	0.243 186

可见，我国的净出口与当期的人民币境外流通具有相关性，与滞后1期和2期的人民币境外流通的相关性较低。

2. 建立模型

$$EXPR = \alpha_0 + \alpha_1 M + u \tag{9.5}$$

Variable	Coefficient	Std. Error	t - Statistic	Prob.
C	1 251.909	445.009 4	2.813 219	0.013 8
M	0.194 330	0.168 817	1.151 130	0.269 0
MA（1）	0.888 502	0.087 851	10.113 69	0.000 0

R - squared	0.595 153	Mean dependent var	1 365.182
Adjusted R - squared	0.537 318	S. D. dependent var	1 317.906
S. E. of regression	896.449 2	Akaike info criterion	16.593 55
Sum squared resid	11 250 697	Schwarz criterion	16.740 58
Log likelihood	-138.045 1	F - statistic	10.290 49
Durbin - Watson stat	1.566 616	Prob（F - statistic）	0.001 783

分析

(1) 常数项的t统计值在5%的水平上是显著的，M的系数在10%的水平上是显著的，MA (1) 的系数在1%的水平上是显著的。

(2) $R^2=0.595$，说明方程的拟合度还可以。

(3) F统计值在1%水平上高度显著，说明变量间呈高度线性，变量间高度显著。

(4) $DW=1.567$，给定显著性水平 $\alpha=0.05$，查表得，在 $n=17$，$k'=2$ 时，$d_L=1.015$，$d_U=1.536$，因为 $d_U<d<4-d_U$，所以不存在一阶自相关性。

5. 异方差检验

White Heteroskedasticity Test:

F - statistic	1.051 953	Probability	0.375 299
Obs * R - squared	2.220 978	Probability	0.329 398

检验统计量　　　　$nR^2=2.22<11.070\ 5$

其中 $\chi^2_{0.05}(5)=11.070\ 5$ 是临界值，因此在5%的显著性水平上，无法拒绝原假设，不存在异方差；

3. 最终模型

$$EXPR=1\ 251.9+0.194\ 3M+u(t);$$
$$(2.813\ 2)(1.51)$$
$$u(t)=e(t)+0.888\ 5e(t-1) \tag{10.11}$$

可见，人民币境外流通对我国的净出口存在正向的促进作用，人民币境外流通规模每增加1亿元，就会引起我国的净出口增加0.194 3亿元。

9.3.2 人民币境外流通与我国的外债流量 (FD)

相关性分析

	M	M (-1)	M (-2)
FD	0.133 2	-0.057 35	0.040 2

从相关性分析可以看出，我国的外债流量与人民币境外流通及其滞后1~2期的相关系数绝对值都远低于0.50，相关性非常低。可以说，人民币

境外流通对我国的外债的影响很小。

9.3.3 人民币境外流通与我国的外汇储备（FR）

1. 相关性分析

	M	M（-1）	M（-2）
FR	0.667 34	0.817	0.779

可见，我国的外汇储备与当期的人民币境外流通、滞后1~2期的人民币境外流通都相关，其中与滞后1期的人民币境外流通相关性最高。

2. 建立模型

$$FR = \alpha_0 + \alpha_1 M(-1) + u \tag{9.6}$$

Variable	Coefficient	Std. Error	t-Statistic	Prob.
C	1 058.314	375.942 5	2.815 095	0.014 6
M（-1）	0.593 112	0.142 187	4.171 348	0.001 1
MA（1）	0.884 579	0.109 287	8.094 110	0.000 0

R-squared	0.837 282	Mean dependent var	1 516.311
Adjusted R-squared	0.812 249	S. D. dependent var	1 645.775
S. E. of regression	713.118 4	Akaike info criterion	16.144 53
Sum squared resid	6 610 992.	Schwarz criterion	16.289 39
Log likelihood	-126.155 3	F-statistic	33.446 52
Durbin-Watson stat	1.233 409	Prob（F-statistic）	0.000 007

分析

（1）常数项的t统计值在5%的水平上是显著的，M（-1）的系数和MA（1）的系数的t统计值都在1%的水平上是显著的。

（2）Adj. R^2 =0.812 2，说明方程的拟合度很好。

（3）F统计值在1%水平上高度显著，说明变量间呈高度线性，变量间高度显著。

（4）DW=1.233，可近似看成不存在自相关。

（5）异方差检验

White Heteroskedasticity Test：

F - statistic	8.452 878	Probability	0.004 449
Obs * R - squared	9.044 817	Probability	0.010 863

检验统计量　　　$nR^2=9.044\,8<11.070\,5$

其中 $\chi^2_{0.05}(5)=11.070\,5$ 是临界值，因此在5%的显著性水平上，无法拒绝原假设，不存在异方差；

3. 最终模型

$$FR=1\,058.3+0.593M(-1)+u(t);$$
$$(2.815)\quad(4.171)$$
$$u(t)=e(t)+0.885e(t-1)$$
$$(8.094)$$

可见，人民币境外流通对我国的外汇储备存在正向的促进作用，但这个作用有1期的时滞。滞后1期的人民币境外流通规模每增加1亿元，就会引起我国的外汇储备增加0.593亿美元。

9.3.4　人民币境外流通与人民币名义汇率（E）

相关性分析：

	M	M（-1）	M（-2）
E	0.404 4	0.304 6	0.293 4

从相关性分析可以看出，人民币名义汇率与人民币境外流通及其滞后1~2期的相关系数绝对值都远低于0.50，相关性非常低。可以说，人民币境外流通对人民币名义汇率的影响很小。

9.4　结论与启示

9.4.1　结论

（1）人民币境外流通对我国经济的内部均衡的不利影响和有利影响

相当。人民币境外流通规模每增加 1 亿元，我国的通货膨胀率降低 0.000 264%，GDP 增加 12.024 亿元，滞后 1 期的人民币境外流通规模每增加1 亿元，我国的未就业人口增加 0.486 个，财政赤字增加 0.506 亿元。

（2）人民币境外流通对我国经济的外部均衡只有有利的影响。人民币境外流通规模每增加 1 亿元，我国的净出口增加 0.194 3 亿元，外汇储备增加 0.595 亿美元。

9.4.2 启示

根据上述结论，我们可以认为：境外流通的人民币中，通过非法途径流出的人民币占有一定的比例。不管人民币是通过什么途径输出的，都会使我国境内的货币供给量减少，从而导致我国的物价水平下降。但是，通过非法途径（毒品走私、跨境赌博和跨境“洗”钱）输出的人民币不仅不代表境外的经济资源向我国转移，而且会导致我国的经济资源向境外转移——通过这种方法输出的人民币本质上是我国资金的外逃，不仅不会给我国带来铸币税收入，而且会使国内投资规模缩小，就业减少，失业人口增加。但是，通过正规渠道流出的人民币会给我国带来铸币税收入，使得我国的 GDP 增加，为了获得优惠政策的好处，很多非法输出的人民币，又返回到境内投资，这些“假外资”使我国的财政税收减少，并增加一国的投资成本，导致财政赤字上升。由于“外资”企业产品的出口比例通常大于内资企业，故“外资”替代内资就可能使出口增加，同时人民币非法输出引起的经济增长速度放慢会减少我国的进口，所以可能使得我国的净出口增加，最终又导致外汇储备增加。

针对上面分析的结果，政府可以采取的措施有：严厉打击人民币的非法输出；在外资的引进过程中对外资的来源严加审查；逐步缩小内外资待遇上的差别。

10　人民币跨境流通的对策之一——扩大人民币境外流通的规模

10.1 促进人民币境外流通的策略分析——人民币境外流通原因角度的分析

10.1.1 为什么要扩大人民币境外流通的规模

（1）目前人民币境外流通处于起步阶段，境外流通的人民币规模还不大，人民币境外流通的边际收益大于边际成本。因此，只要人民币境外流通的规模扩大，我国从人民币的境外流通中获取的净收益就会增加。

（2）信用货币时代的货币竞争是国际范围上的“良币驱逐劣币”的竞争，各国居民对货币的选择是一种市场化驱动的过程，任何一个国家都没有能力像以前那样确保自己发行的货币在本国领土内处于垄断地位。各国货币处于激烈的竞争之中，你的货币不去占领别国的市场，别国的货币就会来占领你的市场。因此，为了使人民币在激烈的货币竞争之中处于有利地位，我们应该积极主动地采取措施扩大人民币的境外流通规模。

（3）货币的国际使用具有“惯性”。国际经验表明，一旦一个国家的货币充当了国际货币，国际上对该国货币的需求就具有“惯性”,[①] 因为转换国际计价和国际结算的货币需要成本。因此，如果某种外国货币占领了我国周边国家和地区的市场，要用人民币去替换它们，难度就大多了。

10.1.2 扩大人民币境外流通规模的策略

（1）继续保持中国经济在亚洲及世界上的较快增长速度，努力使我国不仅成为世界上的经济大国，而且要成为世界上的经济强国。

保持一个较高的经济增长率，才能在21世纪中叶赶上一些西方中等发达国家，进而跃变为世界经济大国。人民币的境外需求是一个随着我国总体经济实力和综合国力的增强而日益增长的发展过程。

目前，我国的经济规模和对外贸易规模不断扩大，我国正在逐步向经济大国迈进。但是，现在判断一个国家在世界上的地位，已经主要不是看它是不是经济大国了，而是看它是不是世界经济强国。判断一个国家是不是经济强国，主要是看它在世界上的“说话权”，即它在世界市场上的定

① 英镑是第一次世界大战前的主要国际货币，第一次世界大战后，虽然英国在国际上的经济地位下降了，但是在相当长的时间里英镑仍然被国际社会广泛使用。

价权。我国已经是世界第三大货物贸易大国，然而，既是大买主又是大卖主的中国，在国际市场上却是个被动的价格接受者。中国的企业一直处于较为尴尬的窘境，甚至出现了“买啥啥贵、卖啥啥便宜”的现象。实际上，我国在国际市场上更多的是受制于人，而不是制人。因此中国离世界经济强国实际还很远。

中国为什么缺少定价权呢？主要原因有：第一，目前国际市场的定价权基本上落在几大期货交易所手里，如伦敦金属交易所是有色金属的定价中心，纽约商品交易所原油价格的涨跌则左右现货油价等。要想夺得定价权，首先要有一个自己的定价中心，这就是期货市场。我国目前有 3 家期货交易所，虽然某些品种价格已经发挥了自己的影响力，但由于品种有限，多数商品的定价权还掌握在国外同行手里。第二，过于分散的企业结构削弱了我国外经贸企业的谈判地位。当前绝大多数商品的国际市场都不是完全竞争的市场，而是寡头垄断的市场，无论是买还是卖，寡头垄断的一方都掌握着定价的主动权，而高度分散的一方就只能被动地接受。第三，我国制成品出口以引进技术和一般竞争性产品为主，缺乏拥有自主知识产权的创新产品，即使是创新产品，也往往加工程度不高，谈判地位比较虚弱。而且，国内投资具有“一窝蜂”特征，多数一般竞争性产品的国内生产能力供过于求，这就进一步削弱了我国制成品的谈判地位。第四，国内投资者根本无法和国际投机基金对抗，面对国际投机基金的兴风作浪我们几乎无能为力，国内媒体中经常出现国际炒家逼仓中国的报道即是例证。由于中国经济快速增长，在原材料方面有大量缺口，需要大量进口原料，正是抓住了这一点，国际基金开始大肆做多商品期货。第五，定价权丧失也暴露出制度上的一些弊病。国有企业传统的风险管理体制已严重不适应国际市场瞬息万变的考验。另外以封闭循环经济体系下行之有效的行政手段，干预日益依赖国外市场的国内市场，往往导致决策层始料不及的效果，例如在国际大豆期货市场价格低迷时限制进口，而放开进口时却招致期货价格创出天价。

我们应该对症下药，努力培育我国在世界市场上的“说话权”。如果我国只是世界经济大国，而不是世界经济强国，这对于促进人民币的境外流通是不利的。

（2）保持人民币币值相对的稳定。

如果我国人民币币值长期波动，就会导致人民币汇率水平的变动，使国内外居民对人民币缺乏信心，这就会影响境外居民对人民币的需求。近十几年来，我国的通货膨胀水平与发达国家相比一直是比较高的，而且变动幅度相当大。这种情况如果长期持续下去，将会极大地阻碍人民币国际化的进程。因此，为扩大人民币的境外流通，我国的通货膨胀水平必须得到严格的控制，以保持人民币币值的相对稳定。那么如何保持人民币价格的稳定性？本书认为，在这方面最重要的是要加强我国中央银行的独立性，树立中央银行的权威性，中国人民银行作为中央银行要以稳定币值为货币政策的首要目标，在此基础上才是促进经济增长。加强中央银行的独立性，意指中国人民银行应独立于财政部等部门而且具有独立制定货币政策的权力，只有加强这种独立性才能从根本上杜绝货币的超经济发行和消除通货膨胀的压力。树立我国中央银行权威性的含义除了包含有上述独立性的含义以外，还应包括建立和完善我国的金融宏观调控体系，加强对商业银行及非银行金融机构的监督与管理。中国人民银行以稳定人民币币值为货币政策的首要目标，则是控制通货膨胀、保持人民币币值稳定的最关键机制。

（3）要积极创造条件，加快实现人民币的自由兑换。

波拉德（Pollard，1997）指出，一国的货币如果要成为国际货币，该国货币是否具有可兑换性（Convertibility）是重要的决定因素之一。[①] 如果一国货币的兑换性受到限制，一方面会给非居民境外使用人民币带来不方便，另一方面也会影响非居民对人民币的信心，因此会阻碍其在国际上的流通与使用。所以，要扩大人民币的境外流通，就需要逐步实现人民币的可兑换性。货币的兑换性包括经常项目可兑换和资本项目可兑换两部分。在 1996 年人民币实现了经常项目的可兑换，目前，我国要加快步伐以实现人民币资本项目的可兑换。

根据国际货币基金组织对资本项目交易管制状况的分类和统计，我国资本项目在管制项目和专项条款项目的所有 13 个大项中，除了机构投资者这个项目外，包括资本市场证券、货币市场工具、集体投资证券、衍生和其他工具、商业信贷、金融信贷、担保和备用融资工具、直接投资、直接投资清盘、房地产交易、个人资本交易以及商业银行和其他信贷机构等其他 12 个项目都存在严格的管制。但如果从实践的具体情况来看，我国在资本项目方面实际的开放或者说事实上的开放，却比国际货币基金组织所描

① POLLARD P S. The Role of the Euro as an International Currency [OL]. Federal Researve Bank of St. Louis Working Papers. http://research. stlouisfed. org/wp/1997/97 - 021. pdf.

述的要大得多。时任国家外汇管理局局长郭树清最近接受新华社记者采访时说：国际货币基金组织将资本项目交易划分为43项。迄今为止，我国已有将近一半的项目不受限制或只有较少限制，有不足三分之一的项目受到较多限制，严格管制的交易项目不到两成。可以说，我国已经实现了资本项目的部分可兑换。今后的任务就是从部分可兑换过渡到基本可兑换，再到完全可兑换。

我国的资本项目开放遇到的最大困难是我国的金融体系还很脆弱，其中以四大国有商业银行的不良资产过多问题最为严重。到2005年年底，我国国有商业银行不良贷款的比率是10.49%。虽然比以前下降了很多（2004年年底是15.57%，2003年年底是20.3%，2002年年底是26.1%，2001年年底是25.37%），但是仍然偏高。① 同时，资本严重不足仍然是中国银行业的突出问题，按照2004年银监会颁布的新的资本监管口径计算，从资本中剔除专项准备、其他准备及当年利润等传统项目，并且对尚未提足的贷款损失准备也从资本中扣减，同时不考虑国内外风险资产发生变动的情况，要使整体资本充足率达到8%的最低要求，中国银行业的资本缺口依然很大。佩、希赖（Pei，Shirai，2004）也表示，标准普尔（Standard & Poor's）在2003年11月对我国的四大国有商业银行及八家股份制银行进行评级，结果上述银行最好的评级是中国银行的BB+，评级低落的主要原因是不良资产过多。因此，人民币资本项目要实现完全可兑换，首先要解决我国银行的不良资产问题。

（4）大力推动我国银行的国际化。

银行是经营货币的主体，银行的国际化将直接带动人民币的境外流通。目前我国的银行机构经营效率尚有待提高，国家专业银行尚未实现向商业银行的转化，金融人才的培养才刚刚起步，银行的海外分支机构数目还很少，这些特点决定了我国银行机构目前在国际银行业中的相对低的竞争力。因此，为扩大人民币的境外流通，必须全力提高我国银行的经营效率，加快国家专业银行向商业银行的转化，大量培养我国的金融人才，加强银行的海外分支行、代表处的建设，扩展银行的业务范围，以提高我国银行的国际竞争能力。近期内，我国银行要特别重视在周边国家和地区以及亚洲其他国家和地区分支机构的建设，就地吸收人民币存款并发放人民币贷款；同时要适当增加出口信贷业务，以促进我国出口贸易的发展，促

① 参见中国银行监督管理委员会网站（www.cbrc.gov.cn）。

进我国海外投资的扩大。总之，银行的现代化与国际化同前述的金融市场的现代化与国际化一样，对扩大人民币境外流通具有重大的意义。

（5）要加大我国的对外直接投资，逐步增强我国的国际投资地位。

近期内，要特别重视以人民币对周边国家和地区以及亚洲其他国家和地区的直接投资。对外直接投资可以带动我国出口的进一步扩大，巩固和扩展我国的海外市场，增加我国的海外收入和海外资产，增强我国的国际投资地位。对周边国家和地区的投资还可以进一步加强经济的相互依赖程度，有助于使人民币在这些国家和地区得到更多的使用。

（6）大力发展我国的对外贸易。

扩大我国与世界各国的经贸往来，进一步提高我国在世界贸易中的地位；提高我国出口商品结构中差异性制成品（即具有高附加值的产品）所占的比例；加强我国对亚洲各国特别是周边国家和地区的投资与贸易。1978 年以来，由于实行改革开放的政策，我国的进出口贸易每年都以较高的速度增长。目前我国的进出口贸易额在世界进出口贸易总额中占有的比重已有很大提高，与发达国家相比，我国的进出口贸易存在着以下几个特点：一是我国的出口在世界上所占的份额还比较低，二是我国的出口商品结构中，初级产品和一般性制成品所占比例较高，而差异性制成品（机电产品等）所占比例则较低，三是我国的人民币尚不是可兑换货币，人民币尚未能大量地充当国际贸易中的记账单位和支付手段，因此我国的进出口贸易大多以美元、日元、英镑、马克、港元等计价和收付。此外，我国的出口贸易的地理方向中，对亚洲各国和地区出口占年总出口的比例高达 70% 左右，如果扣除对日本的出口不计，对亚洲各国的出口占我国出口的比例为 60% 左右。根据上述特点，为扩大人民币的境外流通，我国应继续扩大出口，特别是具有高附加值的差异性制成品的出口，提高出口商品构成中差异性制成品所占的比例，提高我国出口额在世界出口总额中所占的比重。近期内我国要特别重视与亚洲各国的进出口贸易联系，继续扩大对这些国家和地区的出口和进口，这是扩大人民币首先在亚洲广泛使用的基础。另外，也是特别重要的是，随着人民币自由兑换的逐步实现，我国要尽可能在进出口贸易中以人民币结算和收付，逐步提高人民币在进出口贸易中的使用程度，发挥人民币作为国际支付手段和国际记账单位的职能，以此推动人民币成为越来越多的国家和地区的储备货币。因为到目前为止，边境贸易是推动人民币跨境流通的主要动力之一，因此就目前阶段来说，应重点鼓励边境贸易中采用人民币结算，鼓励我国商业银行参与边贸的人民币结算业务，鼓励边境地区互设账户进行资金结算和清算，支持商业银行在周边地区发行包括人民币借记卡在内的其他支付工具。

(7) 大力发展我国的金融市场。

没有一个发达的金融市场，人民币的境外流通是会受到限制的。我国的金融市场建设刚刚起步，目前不论就市场的广度还是深度来说与发达国家相比都还存在着很大差距，因此发展我国的金融市场成为今后的一项重大工程。发展我国的金融市场包括发展资金拆借市场、短期国债市场、外汇市场、长期资本市场、期货市场、黄金市场等，但是各种金融市场的建设并不是同步进行的，而是应该有先有后、有计划有步骤有重点地推进，这样一方面可以防止急于求成、一哄而上而造成市场混乱的现象，另外一方面又可防止因循守旧、缓慢、贻误时机的做法，促进我国尽可能快地实现金融市场的现代化和国际化。要扩大人民币的境外流通，促进我国金融市场的国际化非常重要。一方面，要允许境外居民到我国的金融市场进行人民币融资，鼓励非居民到我国发行股票和债券。① 另一方面，要允许和鼓励非居民到我国金融市场进行投资，非居民获取了人民币，就有使他们手中的人民币保值和增值的需要，缺少必要的境外人民币的保值和增值的途径，人民币的境外流通就会受到极大的限制。而要吸引非居民到我国金融市场筹资和投资，就要提高我国金融市场的效率，降低交易成本、增加金融市场信息的透明度和使我国金融市场的各种规章制度符合国际惯例。同时，还要提高我国金融机构的风险防范和承受能力。

(8) 要鼓励周边国家或地区使用人民币，就必须解决人民币的回流问题。

如果人民币没有畅通的渠道回流到我国，人民币在周边国家的使用将受到限制。当然，我国政府没有必要也不可能承诺用国际储备货币兑回人民币，但是我国政府应该承诺周边国家可以用人民币购买我国的商品和政府债券以及对我国进行直接投资。这意味着我国不仅把人民币的使用从边境贸易推广到一般贸易和政府债券的交易，而且还要在一定程度上调整境外居民必须用外汇才能对我国进行直接投资的政策。假如我国还准备保留对外商直接投资的优惠政策，那么，我国可以规定境外居民用人民币对我国进行直接投资视同国内直接投资，以避免本国居民利用境外居民的名义

---

① 中国人民银行、财政部、国家发展和改革委员会和中国证券监督管理委员会 2 月 18 日发布《国际开发机构人民币债券发行管理暂行办法》，允许符合条件的国际开发机构在国内发行人民币债券。

用人民币进行直接投资。应该指出，允许周边国家或地区的居民用人民币对我国进行直接投资不会对我国造成不利影响。从表面上看，这似乎减少了外汇收入，但实际上，这却增加了投资支出。我国进口周边国家或地区的商品所流出去的人民币，又通过对我国的投资支出流回来。事实上，我国周边国家和地区，特别是港澳地区的居民已经绕过我国关于境外居民必须用外汇才能对我国进行直接投资的规定，携带人民币入境以用于支付工人的工资，购买原材料，扩大经营规模等。显然，要对这些支出进行限制几乎是不可能的，不如使人民币通过直接投资的渠道使回流公开化和合法化，以促进人民币的境外流通。

(9) 解决人民币的汇款以及境外人民币的存款和贷款问题。

如果还停留在人民币现钞流动的方式上，人民币在周边国家或地区的使用范围和使用规模就难以扩大。因此，我国银行应该与周边国家和地区的银行开办人民币汇款业务，人民币可以通过银行跨境汇款。在设立了人民币跨境汇款渠道以后，仍可保留可携带人民币现钞出入境的规定，使数额不同的人民币都有它的流通渠道。另外，我国银行还应该与周边国家和地区的银行建立人民币同业拆借的关系，实现银行之间短期资金的借贷。随着境外人民币使用范围和规模的扩大，存款和贷款的需求势必发生，如果建立了与我国银行的借贷关系，周边国家和地区的银行就会开设人民币的存款和贷款业务，这样将扩大人民币的境外流通。实际上，目前合法或地下的人民币跨境汇兑或借贷已经存在。人们可以直接使用内地的人民币信用卡和提款卡，在香港宝生银行和中国银行所设的自动提款机提取港币或人民币。人们还可以在香港存入港币在内地提取人民币，或在内地存入人民币在香港提取港币。另外，境外居民可以凭边民证在我国内蒙古自治区和云南省境内银行存款，我国政府也向蒙古国发放过人民币的优惠贷款。建立人民币的跨境汇款和境外存贷渠道，有利于人民币的跨境汇款和境外存贷的规范化。

(10) 适时建立人民币离岸金融市场。

离岸金融市场主要经营欧洲货币业务，为非居民的存款人与借款人充当金融中介，其最大特点是基本不受政府管制，不受利率限制，不缴存款准备金和不收利息预扣税，因此离岸金融市场成为国际跨国公司和跨国银行的良好避税地。弗兰科尔（1984）称离岸金融市场为“国际资本移动车轮的润滑剂”。将来在人民币可自由兑换的前提下，离岸金融市场能够经营欧洲人民币业务，是非居民获取和管理人民币资产的重要途径，为扩大人民币境外使用直接起着强大的推动作用。日本在1986年12月建立了东京离岸金融市场，在短短的几年里就为日元的国际化起了强大的推动作用。1986年，东京离岸金融市场上非居民的日元交易量为192亿美元，占非居民货币总交易量的21.6%，而到1990年，非居民的日元交易量高达2 150亿美元，占非居民货币交易总量的比例则上升到43.4%。[①] 这就说明，建立离岸金融市场对于扩大人民币的境外流通将具有不可估量的作用。

（11）加强亚洲国家之间的相互依赖性和区域内的合作。

货币的国际使用主要是由实体经济支撑的，如果包括中国在内的整个亚洲的相互依赖性和合作被加强了，就会有更多的区域内贸易，区域内维持汇率固定或者采取共同货币的重要性就会更大，只要我国在区域内的贸易中占据相当的份额，人民币的币值保持稳定，人民币就有很大的机会成为区域内的主导货币，这种分析被欧洲的经验证明是正确的。当前，我国首先要推动我国“两岸四地”的相互依赖和合作，积极推动“大中华经济圈”的形成，其次是积极推动“东盟10+3”区域的金融/经济合作的发展。由于中国经济的强劲增长趋势和我国与亚洲国家经济周期的相似性，亚洲各国更多地使用人民币对它们自己是有利的：①亚洲汇率制度的现状和稳定亚洲区域内经济发展的需要（通过稳定亚洲的汇率）。1997年亚洲货币危机爆发的原因之一是亚洲实行事实上钉住美元的汇率制度，亚洲汇率制度的总体趋势是比以前更富有弹性。由于亚洲区域内部贸易的上升，亚洲各国区域内部的经济的相互依赖性被加强了。实行包括美元、欧元、日元和人民币的篮子货币制度的建议被提出，从长期来看，有希望达成共同的货币篮子，区域内的货币单位（亚洲货币单位ACU）也可能会被采取，最终导致类似欧元的共同货币协议的诞生。同时，就我国和亚洲各国的密切关系而言，在亚洲区域经济发展的汇率稳定中，加强我国和亚洲其他国家之间的合作是非常重要的。从中期和长期来说，扩大人民币在亚洲区域内的使用和逐步使人民币成为区域内的主导货币是非常必要的。②加强人民币在亚洲区域内金融/经济合作中的作用。在2005年5月“东盟10+3”（ASEAN+3）的财政部长会议上，达成了双边货币互换协议（清迈协议，the Chiang Mai Initiative）。到目前为止，协议互换总额达28.5亿美元（如果包括以前的协议，总额为36亿美元）。但是，为了确保亚洲货

① 参见国际清算银行《国际银行业与金融市场的发展》，1991年5月。

币的稳定和避免货币危机的再次发生，非常有必要进一步加强区域内部的经济合作和政治对话，利用“东盟10+3”合作机制，亚洲国家的政治领导人就经济和政治问题进行坦率的思想交流和就加强诸如清迈协议之类的区域内金融合作进行对话。鉴于目前“东盟10+3”的政治讨论和由清迈协议安排的双边货币互换网络的建立，有必要在“东盟10+3”区域内部进行更深入的金融/经济合作。比如说，根据清迈协议，我国和日本之间的货币互换是人民币/日元的互换，我国在将来可以扩大这个互换的数额和使用人民币和其他货币进行互换。

（12）发行面额更大的人民币钞票。

人民币目前的最大面额是100元，和其他国际货币比较，显然是小了。流通中的美元最大面额为100美元，合800多元人民币；港币为1 000元，合1 000元人民币；欧元为500元，合4 000元人民币；澳元为100元，合600元人民币；英镑为50镑，合600元人民币；日元为10 000元，合600元人民币。这些钞票的最大面额都比人民币大5倍以上，人民币的面额是最小的。人民币钞票面额的扩大更有利于境外居民携带、点数和贮藏人民币钞票。根据有关专家的统计，在美国境外流通的美元多数是大面额的，以前的德国马克也存在类似现象。[①] 可见，发行面额更大的人民币钞票对扩大人民币的境外流通是有帮助的。

10.2 外汇储备规模对人民币境外流通的影响

通过前面的关于人民币境外流通原因的分析，我们知道人民币汇率水平对于人民币境外流通规模是有影响的，一般来说，人民币汇率升值有利于促进人民币的境外流通。但是，我国政府选择人民币汇率水平时，除了要考虑它对人民币的境外流通的影响外，还要考虑它对我国外汇储备价值的影响。[②] 下面，我们通过对我国政府与境外居民之间的博弈分析来研究

① 美国的经验显示，对100美元纸币的新需求净额主要来自海外（Porter，Judson，1995），Rogoff（1998）提出发行大面额欧元纸币（包括100欧元、200欧元及500欧元），长远来说可能会促使欧元得以挑战美元在全球市场作为安全、可靠的交易货币的主导地位。

② 人民币汇率水平的变动对一个国家经济的影响是多方面的，我们在这里只考虑它对人民币境外流通和我国外汇储备价值的影响。

我国外汇储备规模对我国政府运用人民币汇率升值策略促进人民币境外流通规模的影响。

10.2.1 分析假定条件

（1）境外流通的人民币给我国带来的收益是铸币税收入，境外流通的人民币全部由外国居民持有，境外居民不使用境外人民币购买我国的金融资产。

（2）人民币汇率的变动只影响境外人民币的铸币税收入和我国外汇储备的价值。

（3）一旦境外居民拥有人民币，他们将永久持有，这样我国政府从境外人民币中获取的铸币税收入就是境外人民币的价值之和。

（4）博弈参与人是我国政府和境外居民，双方进行完美信息动态博弈。

（5）博弈的顺序首先是外国居民在持有人民币和其他货币（美元、日元等）之间进行选择，然后是我国政府选择对人民币升值、贬值或者保持币值不变。

（6）博弈前境外居民拥有的人民币数量是零。

（7）我国政府对人民币升值和贬值时，幅度都是 a% 。

（8）其他货币币值保持不变。

（9）我国政府的策略目标是境外人民币的铸币税收入和外汇储备价值之和最大化，境外居民策略的目标是使他们持有的外国货币价值增加最大化。

10.2.2 博弈双方在不同策略空间下的收益

在以上假定的条件下，我们来分析不同策略空间下的收益。

（1）在我国政府发出信号后，境外居民持有人民币时我国政府和境外居民的收益是：

$$P_{11}^{d}=\Delta M^{f}-FR\cdot a\%\text{；}\quad P_{12}^{d}=\Delta M^{f}+FR\cdot a\%\text{；}\quad P_{12}^{d}=\Delta M^{f}$$

$$P_{11}^{w}=\Delta M^{f}\cdot a\%\text{；}\quad P_{12}^{w}=-\Delta M^{f}\cdot a\%\text{；}\quad P_{13}^{w}=0$$

其中 $P_{11}{}^{d}$、$P_{12}{}^{d}$ 和 $P_{13}{}^{d}$ 是我国政府在境外居民选择持有人民币后对人民币进行升值、贬值和保持币值不变时我国政府的收益；$P_{11}{}^{w}P_{12}{}^{w}$ 和 $P_{13}{}^{w}$ 是我国政府在境外居民选择持有人民币后对人民币进行升值、贬值和保持币值不变时境外居民的收益；ΔM^f是境外居民持有的人民币数量；FR 是我国拥有的外汇储备数量。

（2）在我国发出信号后，境外居民持有其他货币时我国政府和境外居民的收益是：

$$P_{21}^{d} = -FR \cdot a\%；P_{22}^{d} = FR \cdot a\%；P_{23}^{d} = 0$$

$$P_{21}^{w} = 0；P_{22}^{w} = 0；P_{23}^{w} = 0$$

其中$P_{21}{}^{d}$、$P_{22}{}^{d}$和$P_{23}{}^{d}$是我国政府在境外居民选择持有其他货币后对人民币进行升值、贬值和保持币值不变时我国政府的收益；$P_{21}{}^{w}$、$P_{22}{}^{w}$和$P_{23}{}^{w}$是我国政府在境外居民选择持有人民币后对人民币进行升值、贬值和保持币值不变时境外居民的收益。

10.2.3　博弈模型及其子博弈精炼纳什均衡

该博弈的扩张形如图 10.1 所示：

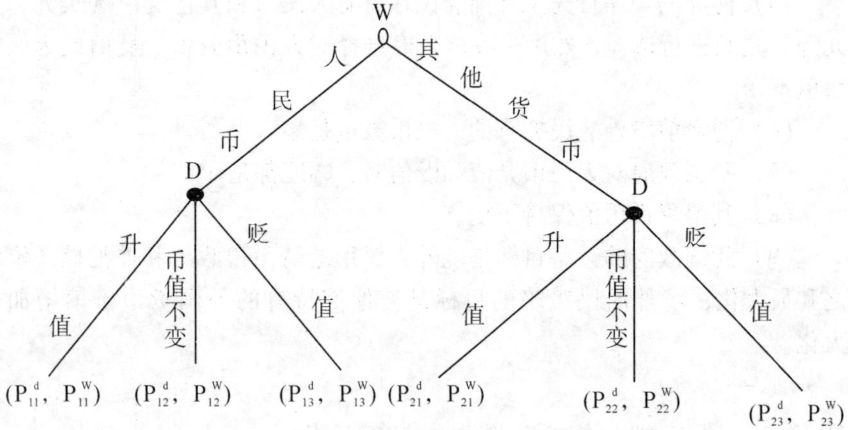

图 10.1　我国政府和境外居民的完美信息动态博弈的扩展形

通过逆向归纳法我们可以得到该博弈的子博弈精炼纳什均衡。

（1）如果博弈是一次性的，该博弈的子博弈精炼纳什均衡是境外居民持有其他货币，我国政府选择对人民币贬值，这样我国政府的收益是 $FR \cdot a\%$，境外居民的收益是 0。

（2）如果博弈是重复的，当 $FR > \frac{\Delta M^{f} \cdot 100}{2a}$时，境外居民持有其他货币，我国政府对人民币选择贬值，此时境外居民和我国政府的收益同上，

当 $FR \leqslant \frac{\Delta M^{f} \cdot 100}{2a}$ 时，境外居民持有人民币，我国政府对人民币升值，此时境外居民的收益是 $\Delta M^{f} \cdot a\%$，我国政府的收益是（$\Delta M^{f} - FR \cdot a\%$）。

10.2.4 结论

过多的外汇储备不利于我国政府通过人民币升值的途径扩大境外人民币的规模，为了扩大境外人民币流通的规模，我国应该适度控制我国的外汇储备规模。

10.3 促进人民币在境外充当交易媒介的策略——货币搜寻理论模型的分析

以前的货币理论都把在交易中选择哪种货币看成外生的，比如货币先行（Cash - in - advance）模型和将货币直接放在效用函数（Money - in - the - utility - function）中的模型，最近几年的研究焦点开始转向使用货币选择是内生的模型。媒介货币选择的内生模型可以分为两类。第一类集中研究货币的兑换中介功能，这种研究以货币的兑换成本为基础。斯沃博达（Swoboda，1968）是这个领域的开拓者。关于为什么只有少部分货币充当国际贸易的媒介货币，斯沃博达指出：①如果本国货币与外国货币的兑换成本越高，就会导致种类越多的外国货币被持有；②可以通过持有一种为所有贸易结算的媒介货币来降低持有货币的数量，这样可以导致总交易成本的降低。关于哪个国家的货币会成为媒介货币，斯沃博达发现媒介货币的发行国有：①巨大的国际贸易量和外汇市场上这种货币的大量交易，②发展良好的金融市场。克鲁格曼（1980）也把研究焦点集中在本国货币和外国货币之间的交易成本，并且发现拥有最大交易量的货币将会成为媒介货币。他同时发现媒介货币的地位具有一定的惯性。雷伊（2001）建立了一个更严密的模型来分析斯沃博达和克鲁格曼研究的问题。雷伊（2001）把货币兑换的交易成本纳入一个三国的一般均衡模型，并且在理论上揭示了贸易联系的力量和交易成本的大小如何导致了媒介货币选择的多重均衡。她发现拥有最开放的经济和其货币与其他货币之间的兑换成本最低的国家的货币会成为媒介货币。第二类就是货币搜寻理论模型。该理论模型从最大化交易双方的期望终生效用的角度，解释了在什么条件下交易双方会选择哪种货币充当交易媒介。我们首先介绍货币搜寻理论模型，然后谈谈该理论模型对促进人民币在境外充当交易媒介策略选择的启示。

10.3.1 货币搜寻理论模型介绍

1. 模型的基本假定

经济体包括两个国家，用 $i=1，2$ 表示，两国的个人在连续的时间里随机地互相作用，或者说互相碰见，用 $\hat{a}_{ij}$ 表示国家 i 的居民碰见国家 j 的居民的概率，我们假定当 $i \neq j$ 时，有 $\hat{a}_{ii} \geqslant \hat{a}_{ij}$，举例来说，这是指墨西哥人遇见墨西哥人的概率大于美国人遇见墨西哥人的概率。每个国家的居民都很多，国家 i 的居民占整个经济体的居民的比例是 N_i，$N_1+N_2=1$。每个国家的居民都以 γ（$\gamma \geqslant 0$）的速率增加，由于我们有等式 $N_1\hat{\alpha}_{12}=N_2\hat{\alpha}_{21}$（等式的两边给出了每单位时间国际碰见的总次数），所以人口规模和碰见的技术参数不是互相独立的。这里，我们把 $\hat{a}_{ij}$ 看作不变的，让人口变动来使等式成立。我们采用松山、清泷、松井（1993）的假定：$\hat{\alpha}_{ii}=\beta N_1$，$\hat{\alpha}_{ij}=\beta^{*}N_2$，$\beta^{*}<\beta$，于是，碰见的概率就和国家的规模成正比，但是跨国的碰见要小于国家内部的碰见，随着 β^{*} 与 β 的不断接近，这两个国家就越来越一体化了。①

代理人不仅被他们的国籍和出生日期区分开来，还被他们的偏好和技术区分。假定有 $K \geqslant 3$ 种商品，各个国家人口的类型都等于 K，每一种类型的人都只消费一种商品 k，只生产一种商品 k+1。如果我们假定碰见是独立于消费和生产类型的，那么 $\alpha_{ij}=\hat{\alpha}_{ij}/K$ 就是国家 i 的居民遇见国家 j 的消费他自己生产的商品的居民的概率；也是国家 i 的居民遇见国家 j 的生产他自己消费的商品的居民的概率。

这个模型中没有集中的市场和拍卖人，所有的交易都是双边的和等价

① 在这个模型中，人们不会在不同的国家之间旅游，也不会通过其他任何方式放弃与本国居民接触来与外国居民接触。在你的日常生活中有时会碰见外国人，比如，想象一个既有墨西哥人，又有美国人的边界小镇，美国人既和美国人交易，也和墨西哥人交易，虽然后者发生的次数上要少于前者，反之亦然。我们在这里感兴趣的是交易的货币属性，即：交易中什么人选择什么货币。

交换的。因为第二次遇见同一个人的概率是零，数量众多的代理人拒绝私人信用。我们对偏好和技术的规定排除了物物交换，我们还假定商品是不可储藏的，这样就排除了商品货币的出现。于是，交易就需要某种形式的信用货币充当交易媒介。但是，非常重要的一点是，我们没有对任何交易指定一种特定的货币充当交易媒介，这就是和货币先行（Cash－in－advance）模型或将货币直接放在效用函数（Money－in－the－utility－function）中假定货币是外生的不同的地方。① 国家 j 及时地发行和它的新出生的居民在每一时点都保持一定的比例 $M_j \in (0, 1)$ 的信用货币，居民用一定量的真实产出（需要多少真实产出依赖于我们的假定）交换得到发行的信用货币。虽然私人代理人只是在第一次进入该经济体时才和政府发生交易，国家 j 通过这种方式发行信用货币可以持续地得到铸币收入流。在 $\gamma = 0$ 的假定下，政府只是在最初的时期发行和它的居民成一定比例的信用货币，而后就停止了。

为了使问题简单化，我们作出如下假定。首先，我们假定持有一单位货币的代理人总是一次性花完它，只要我们简单地假定货币是不可分割的就可以做到这点。这个假定意味着没有持有货币的人持有的货币少于一单位。其次，我们假定除了新出生的人之外，没有代理人能够在他消费之前进行生产，这意味着任何两个拥有货币的人都不会互相交易和任何代理人不可能持有一个单位以上的货币。于是，在每一个时点上都存在一组每人拥有一单位货币的代理人（称为买者）和一组没有货币的代理人（称为卖者）。用 m_{ij} 来表示国家 i 中拥有货币 j 的买者的比例，$m_{i0} = 1 - m_{i1} - m_{i2}$ 表示国家 i 中卖者的比例。于是向量 $m = (m_{ij})$ 就可以完全描述代理人之间资产的分配 。

当买者和卖者相遇时会发生什么事情依赖于我们采用哪个模型。在松山、清泷、松井（1993）的模型中，产品是不可分的，两国产品是一样的。于是，如果你发现了能够生产正确类型产品的卖者，你总是可以用你的货币和他的不可分的产品相交换，而且，你可以不考虑他的国籍是什么。在周（Zhou，1994）的模型中，产品也是不可分的，但是两国的产品

① 本文的这些简单的假定可以使我们只考虑信用货币充当交易媒介的情况，但是，原则上，这些假定都可以被放松。比如：存在信用的货币搜寻模型见 Hendry（1992）或者 Shi（1995a）；存在物物直接交换的货币搜寻模型见 Kiyotaki 和 Wright（1991 and 1993）或者 Burdett et al.（1995）；存在商品货币的货币搜寻模型见 Kiyotaki 和 Wright（1989）、Aiyagari 和 Wallace（1991）或者 Li（1995）。

是不一样的，并且消费者的偏好是随意变化的，这就意味着一般来说他们要考虑卖者的国籍。在特瑞乔斯、莱特（1995b）的模型中，两国的产品是一样的，但是产品是完全可以分割的，用你的货币能够交换得到的产品的数量要通过谈判来决定，这意味着如果（内生）的价格在两国是不一样的，你就需要关心国籍问题。

无论如何，重要的是拥有货币 i 的 j 国买者是否会和 j 国居民发生交易，因为这点决定了资产在人口之间稳定的分配状态。本书只考虑一种均衡，在这种均衡中，如果拥有货币 i 的买者遇到国家 i 的卖者，交易就总是会发生（比索总是会在墨西哥流通和美元总是会在美国流通）。问题的关键是当一个卖者遇见一个拥有外国货币的买者时交易是否会发生，即拥有货币 i 的买者遇见 j（$j \neq i$）国的卖者时交易是否会发生。

我们通过下面的方法区分两种不同的可能均衡（或者说不同的制度）。如果在 j 国境内我们看到 i（$i \neq j$）国的货币在流通，我们就令 $\lambda_j = 1$，我们称货币 i 为国际货币；如果在 j 国境内我们看不到货币 i 的流通，我们就令 $\lambda_j = 0$。于是可以用 $\lambda = (\lambda_1, \lambda_2)$ 的一系列值来表示制度。四种可能的制度是 $\lambda = (0, 0)$，$(1, 1)$，$(0, 1)$ 和 $(1, 0)$。第一种情况没有国际货币；第二种情况两种货币都是国际货币；最后两种情况只有一种货币是国际货币。因为最后两种情况是对称的，我们只考虑最后 $\lambda = (1, 0)$ 的情况，于是总共有三种情况（0，1 和 2 种国际货币）需要考虑。[①]

给定制度，不管产品是不是可分的，我们可以通过下面的方法确定 m_{ij} 的稳定值。首先，$\lambda_i = 0$ 意味着 $m_{ij} = 0$（如果美国人从来不和墨西哥人交易，他们就不会持有比索）。其次，同一个国家的买者和卖者之间的交易不会改变 m，因为它们使总的资产分配保持不变。这些考虑使得下列方程成立。

$$\alpha_{ij} m_{i0} m_{ji} - \alpha_{ij} m_{ii} m_{j0} \lambda_j + \gamma (M_i - m_{ii}) = 0 \tag{10.1}$$

$$\alpha_{ij} m_{i0} m_{jj} \lambda_i - \alpha_{ij} m_{ij} m_{j0} - \gamma m_{ij} = 0 \tag{10.2}$$

这里的 $i \neq j$。给定 λ 和等式 $m_{i0} = 1 - m_{i1} - m_{i2}$，可以求出稳定状态的资产分配 m。

考虑方程（10.1）（方程（10.2）可做类似考虑）。第一项是说当国

① 在 Matsuyama，Kiyotaki，Matsui（1993）的模型中只存在一种可能的制度；在 Trejos，Wright（1995b）的模型中存在其他可供选择的制度，在这些其他的可供选择的制度中，卖者 j 是否接受货币 i 依赖于买者是谁（比如说，墨西哥的卖者接受美国买者的美元，但是不接受墨西哥买者的美元），但这些其他可供选择的制度在相对弱的约束下绝不会是均衡的。

家 i 的卖者遇见国家 j 的拥有货币 i 的买者时（假定国家 i 的卖者遇见拥有货币 i 的买者时交易总是会发生），m_{ii}上升。第二项是说当国家 i 的拥有货币 i 的买者遇见国家 j 的卖者并发生交易时（即 $\lambda_j=1$）m_{ii}下降。最后一项是说当国家 i 中新出生的并接受货币的代理人的比率 M_i超过了 m_{ii}时，m_{ii}上升。稳定状态要求净变化为零。

给定资产分配，我们使用动态规划的方法来解决个人何时交易的问题。下面，我们只考虑产品不可分（交换是一对一）的模型，因为产品可分（代理人可以讨价还价）模型得出的结论和产品不可分模型的结论在性质上基本是一样的。

2. 产品不可分割时的分析

用 U 表示消费一单位产品的效用，C 表示生产产品的负效用，$0\leqslant C<U$。用 V_{ij}表示国家 i 的拥有货币 j 的买者的期望终生效用，V_{i0}表示国家 i 的没有货币的卖者的期望终生效用，让 $V=(V_{ij})$，我们称这些 V_{ij}为值函数，它们满足下列动态规划的贝尔曼方程。

$$rV_{i0}=(\alpha_{ii}m_{ii}+\alpha_{ij}m_{ji})(V_{ii}-V_{i0}-C)+(\alpha_{ii}m_{ij}+\alpha_{ij}m_{jj})\lambda_i(V_{ij}-V_{i0}-C) \tag{10.3}$$

$$rV_{ii}=(\alpha_{ii}m_{i0}+\alpha_{ij}m_{j0}\lambda_j)(U+V_{i0}-V_{ii}) \tag{10.4}$$

$$rV_{ij}=(\alpha_{ii}m_{i0}\lambda_i+\alpha_{ij}m_{j0})(U+V_{i0}-V_{ij}) \tag{10.5}$$

这里的 r 是时间偏好率。值函数依代理人的国籍 i 的不同而不同，但是不会由于他消费（生产）的产品的类型 k 的不同而不同，这是因为我们将只考虑对称的均衡情况，即所有的类型在均衡时使用同样的策略和受到同样的支付。

贝尔曼方程的解释如下：方程（10.3）是说成为国家 i 的卖者的流量值是 i 国居民遇见拥有货币 i 的当地人或外国人的概率和从这种交易中获得的收益的积，加上 i 国居民遇见拥有货币 j 的当地人或者外国人的概率与从如果遇见之后会发生的交易（即，如果 $\lambda_i=1$）中获得的收益的积；方程（10.4）是说持有本国货币的流量值等于遇见当地卖者（他总是接受当地货币）或者接受当地货币的外国卖者（如果 $\lambda_i=1$，他们就会）的概率与交易收益的乘积；方程（10.5）可以做类似的解释。①

遇见之后交易能否发生在这里仅仅依赖于卖者，因为买者在每次遇见

① 我们可以证明在纯策略均衡中不存在货币之间的交易，即当持有货币 1 的代理人遇见持有货币 2 的代理人时不会有货币的交易发生。

能够生产他需要的产品的卖者时都想交易，在每次交易时，他都得到一个单位的不可分割的产品。注意，在这里我们只寻找卖者总是交易当地货币的均衡。虽然这样做是否理性还需要加以检验。有趣的问题是卖者是否想通过交易获得外国货币。卖者是否想通过交易获得外国货币依赖于下面的假定：

$$V_{ij} - C > V_{i0} \Rightarrow \lambda_i = 1 \tag{10.6}$$

$$V_{ij} - C < V_{i0} \Rightarrow \lambda_i = 0 \tag{10.7}$$

即只有在持有外国货币的效用值减生产成本之后大于继续充当卖者（等待当地货币）的效用值时，卖者才接受外国货币。

这里的均衡可以被定义为一系列满足方程 10.1～10.7 的（λ，m，V）。对于每一个可能的制度，我们将要解方程 10.1～10.5 和检验方程 10.6～10.7。如果方程 10.6～10.7 满足了，这个制度就构成了一个均衡。通过这种方法我们可以找到允许每一种均衡存在的参数值。为了使问题简单化和与松山、清泷、松井（1993）的理论进行比较，我们只考虑 $C \to 0$ 的情况。

3. 结论

（1）没有国际货币存在。

首先考虑不存在国际货币的制度，从而也不存在国际交易的制度：$\lambda =（0，0）$。在这种情况下，方程 10.1～10.2 意味着当 $i \neq j$ 时，$m_{ii} = M_i$ 和 $m_{ij} = 0$。把 $m = 0$ 和 $\lambda = 0$ 代入方程 10.3～10.5，得到：

$$rV_{i0} = \alpha_{ii} M_i (V_{ii} - V_{i0}) \tag{10.8}$$

$$rV_{ii} = \alpha_{ii} (1 - M_i)(U + V_{i0} - V_{ii}) \tag{10.9}$$

$$rV_{ij} = \alpha_{ij} (1 - M_j)(U + V_{i0} - V_{ij}) \tag{10.10}$$

注意在这个均衡中，国家 i 的居民从来不持有货币 $j \neq i$，但是 V_{ij} 给出了如果他们接受货币 j 他们将会获得的效用值。

我们需要检验两件事：代理人总是接受当地货币的假定和方程 10.6～10.7 的条件（他们不接受外国货币）。第一件事在任何参数值下都总是成立的，于是我们只需要检验 $V_{ij} \leqslant V_{i0}$。简单的代数知识告诉我们，当且仅当下式成立时，该条件才能被满足。

$$\alpha_{ij} (1 - M_j) \leqslant \frac{\alpha_{ii}^2 M_i (1 - M_i)}{r + \alpha_{ii}} \tag{10.11}$$

从这个分析中得出的一个结论是这种制度要构成一个均衡需要 α_{ij} 比

α_{ii}小。如果遇见外国人是件足够频繁的事情，那么即使你预期当地的卖者会拒绝外国货币，你不接受外国货币也是不理性的。于是，在一个非常开放的经济中，不大可能会在外国货币不流通的情况下均衡。我们得出的另一个结论是这种制度要构成均衡需要一个取值非常大的 M_j。如果有很少的外国买者和很多的外国卖者，就更容易把外国货币花出去，所以，即使你预期当地的卖者会拒绝外国货币，你也应该接受它。其他参数有类似的效果。

（2）存在两种国际货币。

现在看存在两种国际货币的制度：$\lambda=(1,1)$。首先通过方程 10.1 ~ 10.2 解出 m_{ij}。国家 1 的居民的稳定状态的 m_{ij}可以描述如下：

$$m_{10}=1-\frac{(\gamma+\alpha_{21})M_1+\alpha_{12}M_2}{\gamma+\alpha_{12}+\alpha_{21}} \tag{10.12}$$

$$m_{11}=M_1\frac{\gamma(\gamma+\alpha_{12}+\alpha_{21})+\alpha_{21}[(\gamma+\alpha_{21})(1-M_1)+\alpha_{12}(1-M_2)]}{(\gamma+\alpha_{12}+\alpha_{21})[\lambda+\alpha_{21}(1-M_1)+\alpha_{12}(1-M_2)]} \tag{10.13}$$

国家 2 的居民的稳定状态的 m_{ij}可以通过颠倒右下角的字母来描述。注意 m_{i0}随着 M_1和 M_2的增加而减少。值函数满足下列方程：

$$rV_{i0}=(\alpha_{ii}m_{ii}+\alpha_{ij}m_{ji})(V_{ii}-V_{i0})+(\alpha_{ii}m_{ij}+\alpha_{ij}m_{jj})(V_{ij}-V_{i0}) \tag{10.14}$$

$$rV_{ii}=(\alpha_{ii}m_{i0}+\alpha_{ij}m_{j0})(U+V_{i0}-V_{ii}) \tag{10.15}$$

$$rV_{ij}=(\alpha_{ii}m_{i0}+\alpha_{ij}m_{j0})(U+V_{i0}-V_{ij}) \tag{10.16}$$

这些方程意味着 $V_{ii}=V_{ij}$，即两国的买者对持有货币 i 和持有货币 $j\neq i$ 是无差异的。所以这两种货币是可以完全互相替代的。同时 $V_{ii}>V_{i0}$和方程 10.6 ~10.7 对于任何参数值都满足。于是，这种制度总是能够构成均衡。这个结论背后的直觉是如果代理人相信这两种货币都会被所有的卖者接受，那么他们接受这两种货币就总是理性的。

（3）只存在一种国际货币。

现在我们考虑国家 1 的居民接受货币 2，但是国家 2 的居民不接受货币 1 的制度：$\lambda=(1,0)$。通过方程 10.1 ~10.2，可以得到 $m_{11}=M_1$和 $m_{21}=0$。货币 2 的分配情况如下：

$$m_{12}=\frac{\alpha_{12}(1-M_1)M_2}{\gamma+\alpha_{12}+\alpha_{21}(1-M_1)} \tag{10.17}$$

$$m_{22} = \frac{(\gamma + \alpha_{12})\ M_2}{\gamma + \alpha_{12} + \alpha_{21}\ (1 - M_1)} \tag{10.18}$$

从这些方程，我们可以看出当 M_i 的值给定时，这种制度下的 m_{10} 要比其他制度下的低，m_{20} 要比其他制度的高。同样地，m_{i0} 随着 M_1 和 M_2 的增加而减小。

国家 1 的代理人的值函数满足：

$$rV_{10} = \alpha_{11} m_{11}\ (V_{11} - V_{10}) + (\alpha_{11} m_{12} + \alpha_{12} m_{22})\ (V_{12} - V_{10}) \tag{10.19}$$

$$rV_{11} = \alpha_{11} m_{10}\ (U + V_{10} - V_{11}) \tag{10.20}$$

$$rV_{12} = (\alpha_{11} m_{10} + \alpha_{12} m_{20})\ (U + V_{10} - V_{12}) \tag{10.21}$$

国家 2 的代理人的值函数满足：

$$rV_{20} = (\alpha_{21} m_{12} + \alpha_{22} m_{22})\ (V_{22} - V_{20}) \tag{10.22}$$

$$rV_{21} = \alpha_{21} m_{10}\ (U + V_{20} - V_{21}) \tag{10.23}$$

$$rV_{22} = (\alpha_{21} m_{10} + \alpha_{22} m_{20})\ (U + V_{20} - V_{22}) \tag{10.24}$$

从这些方程可以立刻看出 $V_{i2} > V_{i0}$，所以两国的居民都愿意接受货币 2。为了说明这种制度构成了一个均衡，我们需要检验两个条件：$V_{11} \geqslant V_{10}$（国家 1 的卖者接受货币 1 是理性的）和 $V_{21} \leqslant V_{20}$（国家 2 的卖者拒绝货币 1 是理性的）。当且仅当下式成立时条件 1 满足：

$$\frac{\alpha_{11} m_{10}}{\alpha_{12} m_{20}} \geqslant \frac{\alpha_{11} m_{12} + \alpha_{12} m_{22}}{r + \alpha_{11} m_{10} + \alpha_{22} m_{20}} \tag{10.25}$$

当且仅当下式成立时条件 2 满足：

$$\frac{\alpha_{21} m_{10}}{\alpha_{22} m_{20}} \leqslant \frac{\alpha_{21} m_{12} + \alpha_{22} m_{22}}{r + \alpha_{21} m_{10} + \alpha_{22} m_{20}} \tag{10.26}$$

这些不等式可做如下解释：国家 1 的买者找到国家 1 的卖者要相对容易，但是国家 2 的买者要找到国家 1 的卖者相对更难。

10.3.2 启示

我们从上面的货币搜寻理论模型中可以知道，使人民币在境外更有可能充当交易媒介的办法是：第一，使外国居民在境外遇见中国人的概率很大；第二，外国居民在境外遇见中国卖者的概率远大于遇见中国买者的概率。因此，要促进人民币在境外充当交易媒介的策略就是：

1. 鼓励中国人走出国门

政府应该降低我国居民出入境的门槛，鼓励我国居民到境外旅游、求学、工作和从事各种经济贸易活动，号召全国人民向温州人学习①，多方面、全方位地进一步加大我国对外开放的步伐。首先，可以考虑降低我国居民进入香港、澳门和台湾地区的门槛，扩大我国大陆和香港、澳门和台湾地区的经济贸易往来；在此基础上，可以考虑把我国的大陆、香港、澳门和台湾地区建立成一个统一的经济体，即形成所谓的“大中华经济圈”，这样有利于促进人民币被香港、澳门和台湾的居民接受；其次，可以考虑降低我国居民进入我国边境国家的门槛，扩大我国和边境国家的经贸往来；最后，降低我国居民进入其他国家和地区的门槛，使我国参与的国际经济活动的范围逐步扩大。

2. 大力发展我国的出口贸易

拓展我国的出口贸易的思路是：①鼓励有条件的企业到海外投资办厂，走跨国经营之路，这应成为我国外贸发展的一个增长点。当今，跨国公司在海外的营业额已是世界贸易总额的数倍。跨国经营能有效地转移剩余生产能力，优化资源组合；带动设备、技术、零配件、原材料及服务贸易出口；便于就地销售，并辐射周边市场，扩大出口规模；避开区域关税和非关税壁垒，降低生产、销售、运输等成本；有利于产业结构调整，把困难放在前进中去解决。②有条件的地区可设立封闭的出口加工贸易区，引导加工贸易企业进入加工贸易区或保税区。这样可以促进出口加工贸易的健康发展，又便于海关监管，与国际通行做法接轨。③组建出口“联合舰队”，探索外贸企业“再造”模式。这是实现阶梯式向前发展，扩大经营规模的有效途径。④大力推进国有外贸公司与高科技企业及产品有海外市场的企业进行各种形式的合作。这有利于我国逐步改变出口商品结构单一，市场不能形成多元化的现状。⑤以产地为依托，以民营企业为主体，组建大型的农产品出口企业集团。⑥高度重视发展国际服务贸易。目前国际上货物贸易额与服务贸易的比例大约是四比一，同时国际服务贸易结构正向知识密集型转变，知识产权、技术转让、数据处理、咨询等知识含量较高的服务行业发展很快。中国加入 WTO，政府承诺逐步对外资开放服务市场，这就提出了我国发展国际服务贸易的必要性和紧迫性。

---

① 2003 年温州市统计年鉴表明，738 万温州总人口中就有 40 多万温州人活跃在全球 87 个国家和地区。

10.4 促进人民币在境外充当定价货币① 的策略——国际贸易中定价货币内生决定理论的分析

作为对国际宏观经济学最近发展的回应，学术界对于公司出口商品定价货币的选择一直有着浓厚的兴趣。自从奥布斯特菲尔德、罗戈夫（Obstfeld，Rogoff，1995）出版了他们关于新开放宏观经济学的著作以来，许多学者已经把公司的定价策略融合进这个模型中去了。这些研究显示货币政策的传导、最优的货币政策规则和最优的汇率制度都依赖于公司对它的出口商品的定价货币的选择，即它是选择本国货币定价（PCP）还是当地货币定价（LCP）。

然而，这些研究领域中存在的一个问题是出口公司定价货币的选择是外生的。结果，最近几年的研究焦点开始转向使用货币选择是内生的模型。麦金农（1979）指出同质程度非常高的初级产品的国际交易集中在美国和英国的专业化的市场上，因为使用同样的货币计价可以使得这类商品的交易更加有效，单一的媒介货币将会被采用。然而，初级产品中使用美元定价的比率持续地下降，而机器设备和其他差别化程度高的产品的国际交易的美元定价却在上升。麦金农（1979）辩论道，这是使用本国货币来对差别化程度高的产品的国际交易定价造成的。可见，关于媒介货币的研究无法充分解释实际上的定价货币决策，而且，这种研究反过来又使得考察非媒介货币的选择很必要，即双边贸易中选择哪个国家的货币定价的决策。关于这一点，吉奥瓦尼尼（Giovannini，1988）从在汇率变动的不确定条件下最大化期望利润的角度分析了垄断出口公司定价货币的选择。他的结论是定价货币的选择依赖于利润函数的形状。自他的研究之后，出现了许多从最大化期望利润的角度对定价货币选择的理论研究。我们首先介绍国际交易中定价货币内生决定的理论模型，然后谈谈这些理论对促进人民币在国际交易中充当定价货币的对策选择的启示。

① 人民币在境外定价是指人民币在境外执行价值尺度的功能，虽然执行价值尺度不需要现实的人民币钞票，但是人民币在境外执行价值尺度有利于促进人民币在境外执行交易媒介、支付工具和价值储藏的功能。

10.4.1 定价货币内生决定理论介绍

理论上，公司选择定价货币是基于不确定条件下最大化其期望利润（或期望利润效用）的。这个领域的理论研究分为两类。一类是局部均衡分析法，该方法假定唯一的不确定是汇率的波动，直到现在，这种方法都是这个领域的主流分析框架；另一类是一般均衡分析法，由于新开放宏观经济学的最新进展，这类研究吸引了越来越多的人的注意。这种方法考虑了诸如货币冲击和生产冲击之类的冲击引起的汇率变化和对其他宏观经济变量的影响，定价决策考虑了这些冲击的全部影响。

1. 局部均衡分析

局部均衡分析只考虑汇率波动的不确定性，不考虑需求和生产成本的不确定性，考察面临向下倾斜的需求曲线的垄断公司的定价货币选择。局部均衡分析法可以分成两个不同的模型：只有一个垄断公司存在的最简单的垄断模型和多个垄断公司在出口市场上互相竞争的寡头模型。[①]

（1）垄断模型。

①在本国货币和当地货币之间进行选择。垄断模型中的定价货币决策很大程度上是由需求函数、成本函数和利润函数的形状决定的。

假定本国名义汇率 e 是不确定的，出口公司在知道汇率之前确定价格，公司有两种选择：A. 本国货币定价（PCP），使得外国货币的标价等于国内的销售价格。B. 当地货币定价（LCP）。出口商品的需求曲线为D（p），成本函数是 C（q）（这里的 p 是出口商品的消费者面对的价格，q 是生产的产量），用 p^P代表使用本国货币标价的国内销售价格，在本国货币定价下用外国货币标价的出口价格就是 p^P/e。当地货币定价下的出口价格给定是 p^L。在这些假定下，本国货币定价下的利润 Π^P和当地货币定价下的利润 Π^L定义如下：

$$\Pi^P = pD(p^P/e) - C(D(p^P/e)) \quad (10.27)$$

$$\Pi^L = ep^L D(p^L) - C(D(p^L)) \quad (10.28)$$

① 我们将要介绍的是一个垄断的或者寡头的公司的定价货币选择的静态局部模型。然而，在真实世界中，公司是从长远的视角来决策的，所以，建立定价货币选择的动态模型应该是更加符合实际情况的，但是，就我们所知，目前还没有出现关于定价货币选择的动态局部模型的研究。在贸易理论中，有许多基于动态局部模型的研究，这些模型考察寡头公司出口价格、产量和出口数量的选择，比如，克鲁格曼（1987）分析了出口公司遇到的汇率的动态变化，考虑了建立销售网络所需要的时间和影响消费者需求水平的价格变化。

假定汇率 e 是不确定的，公司关于本国货币定价和当地货币定价的决策是基于哪种方法会带来最大的期望利润效用而做出的。[①] 换句话说，如果本国货币定价下的利润要大于当地货币定价下的利润（$EU(\Pi^p) > EU(\Pi^L)$），选择本国货币为定价货币；如果当地货币定价提供更大的利润（$EU(\Pi^L) > EU(\Pi^p)$），选择贸易对方国的货币为定价货币。

下面，我们考察决定 $EU(\Pi^p)$ 和 $EU(\Pi^L)$ 大小的因素，采用巴切塔、温库帕（Bacchetta，Wincoop，2002a）的方法。假定公司在本国货币定价和当地货币定价下都选择最优价格[②]，巴切塔、温库帕（2002a）的研究表明，在不确定因素只是汇率波动（用方差 σ^2 代表）时，本国货币定价下的期望效用 $EU(\Pi^p)$ 和当地货币定价下的期望效用 $EU(\Pi^L)$ 之差由下式决定：

$$EU(\Pi^p) - EU(\Pi^L) = 0.5U'\frac{\partial^2(\Pi^p - \Pi^L)}{\partial e^2}\sigma^2 \qquad (10.29)$$

方程（10.29）显示 Π^L 对汇率 e 的二次导数是零，于是，当 Π^p 对汇率 e 是凸的（$\frac{\partial^2 \Pi^p}{\partial e^2} > 0$）时，选择本国货币为定价货币；当 Π^p 对汇率 e 是凹的（$\frac{\partial^2 \Pi^p}{\partial e^2} < 0$）时，选择当地货币为定价货币。这个结果显示定价货币的决策依赖于利润函数的形状。该结果背后的直觉是：假定汇率围绕一个预期的水平波动，在当地货币定价下，由于利润函数对汇率是线形的，期望利润与实际汇率等于期望汇率时的利润相等。相反，在本国货币定价的情况下，当利润函数是凹的时，期望利润要小于实际汇率等于期望汇率水平时的利润，于是，当地货币定价被用来稳定当地货币价格对汇率的波动（利润函数是凸的时也可做类似的分析）。

利润函数的凹凸取决于需求函数和成本函数的形状。巴切塔、温库帕（2002a）使用下面的需求和成本函数，显示了公司产品的差异化程度对定价货币的选择有影响：

$$D(p) = p^{-\mu} \qquad (10.30)$$

---

① 虽然我们遵循 Bacchetta，van Wincoop（2002a）和 Friberg（1998）的分析框架，即认为定价货币的选择依赖于利润的期望效用 U，把期望效用看作利润的值函数不会影响我们的结果。如果公司是风险中性的，那么选择哪一种货币定价都是无差异的，甚至在汇率波动不确定的情况下也是这样。因为这个原因，我们需要假定公司是风险规避者。

② 如果不存在不确定性，在公司根据给定的汇率制定最优价格时，不管是采用本国货币定价，还是采用当地货币定价，使用同样的货币表示的价格都是相同的。

$$C(q) = wq^{\eta} \tag{10.31}$$

这里的 μ 是需求的价格弹性，w 是工资率，① 把方程（10.30）和（10.31）代入方程（10.29），方程（10.29）变为：

$$EU(\Pi^{P}) - EU(\Pi^{L}) = 0.5U'(\mu - 1)\bar{p}^{1-\mu}[1 - \mu(\eta - 1)]\sigma^{2} \tag{10.32}$$

$\bar{p}$ 是假定 E（e）=1 时的公司最优价格，并且 $\bar{p}^{P} = \bar{p}^{L} = \bar{p}$ 成立。于是，当 μ（η－1）<1 时（利润函数在本国货币定价下是凸的），本国货币定价被选择；当 μ（η－1）>1 时（利润函数在本国货币定价下是凹的），当地货币定价被选择（见图 10.1）。由于 μ 是需求的价格弹性，更小的 μ 就意味着更大的产品差异化程度和更高的竞争力，相应地，给定 η 时，当产品的差异化程度大时选择本国货币定价，当产品的差异化程度小时选择当地货币定价。

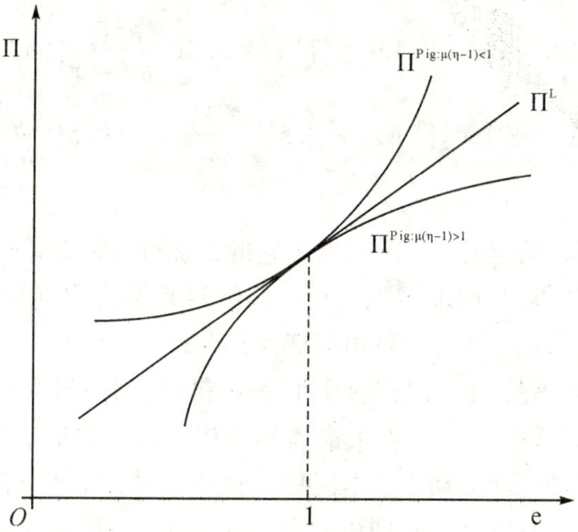

图 10.2　本国货币定价和当地货币定价下利润和汇率的关系

（来源：Bacchetta，Wincoop，2002a）

②当有第三国货币可供选择时定价货币的选择。弗里伯格（Friberg，1996，1998）发现尽管美国的对外商品贸易只占世界商品贸易总额的 14%，美元在世界贸易的定价货币中占了超过 50% 的份额。佛里伯格

① 假如 L 是生产中使用的劳动数量，生产函数是 $q = L^{1/\eta}$，那么 η 就是劳动的相对份额的倒数，这点可以利用劳动的边际生产力是真实工资的特性得到证明。

(1996，1998）之后指出有必要考虑定价货币除了使用本国货币和贸易对方货币之外，使用第三国货币的可能性和从理论的角度考察这种使用的标准。① 弗里伯格证明了定价货币的选择不仅依赖于利润函数的形状，也依赖于两种不同汇率（本国货币与贸易对方货币和第三国货币与贸易对方货币）不确定的程度。下面，我们将使用上面介绍的巴切塔、温库帕(2002a）框架来考察选择第三国货币的标准。

用 e^o 表示每单位第三国货币兑换贸易对方国货币的数量，使用第三国货币表示的出口商品的价格记为 p^o。当公司选择第三国货币定价时，它的利润 Π^0 由下式给出：

$$\prod{}^0 = \frac{e}{e^o} p^o D\left(\frac{p^o}{e^o}\right) - C\left(D\left(\frac{p^o}{e^o}\right)\right) \tag{10.33}$$

假定 e 和 e^o 是互相独立的，在第三国货币和 LCP 以及第三国货币和 PCP 之间选择的条件由下面的方程给出：

$$EU(\prod{}^0) - EU(\prod{}^L) = 0.5U' \frac{\partial^2 \prod^0}{\partial (e^o)^2} (\sigma^o)^2 \tag{10.34}$$

$$EU(\prod{}^0) - EU(\prod{}^P) = -0.5U' \frac{\partial^2 \prod^P}{\partial e^2} \sigma^2 + 0.5U' \frac{\partial^2 \prod^0}{\partial (e^o)^2} (\sigma^o)^2 \tag{10.35}$$

假定公司在给定的汇率下确定了它的最优价格和 $E(e) = E(e^o) = 1$，我们可以从方程（10.29）、方程（10.34）和方程（10.35）得出当有第三国货币可供选择时定价货币的选择标准：

A. 当利润函数 Π^P 和 Π^0 对于汇率 e 和 e^o 是凹的时（$\partial^2 \prod^P / \partial e^2 < 0$，$\partial^2 \prod^0 / \partial (e^o)^2 < 0$)，LCP 提供最高的期望利润。如果第三国货币和贸易对方货币之间的汇率波动小于本国货币和贸易对方货币之间的汇率波动时（$(\sigma^o)^2 < \sigma$)，LCP 的最高期望效用可以通过选择第三国货币定价获得。②

B. 当利润函数 Π^P 和 Π^0 对于汇率 e 和 e^o 是凸的时（$\partial^2 \prod^P / \partial e^2 > 0$，$\partial^2 \prod^0 / \partial (e^o)^2 > 0$)，选择本国货币和第三国货币中汇率波动最大的货币来定价，LCP 提供最低的期望利润。

---

① 为了在理论上分析 LCP、PCP 和第三国货币的选择，Friberg（1998）在他的模型中考虑了货币的远期交易（我们没有明确地考虑这个因素），然而，不管模型中是否考虑货币的远期交易，得出的结论都是一样的。

② 这个结果和 Friberg（1998）的结果相同。

(2) 寡头模型。

巴切塔、温库帕(2002a)扩展了上面介绍的垄断模型，在他们的扩展模型中，本国有多个公司生产同类最终产品，这些公司在外国市场互相竞争。

用 N 代表本国生产同质产品公司的数量，N^* 代表外国同类公司的数量。本国市场份额是 n（$n = N/(N + N^*)$）。j 公司生产的产品的需求函数定义如下①②：

$$D_j(p_j, p^*) = \frac{1}{N+N^*}\left(\frac{p_j}{p^*}\right)^{-\mu} d^* \tag{10.36}$$

这里的 p_j 是用外国货币对 j 公司产品定的价格，p^* 是外国的总价格指数，d^* 是外国的真实消费支出。外国的总价格指数由下式给定：

$$p^* = [(1-n)(p^*)^{1-\mu} + nf(p^P/e)^{1-\mu} + n(1-f)(p^L)^{1-\mu}]^{1/(1-\mu)} \tag{10.37}$$

这里的 f 代表本国的公司中使用 PCP 定价的公司的份额。方程（10.37）显示外国的总价格指数会受本国公司的定价策略影响，于是方程（10.36）就证明了对本国某家公司的出口产品的需求不仅受那家公司的出口价格的影响，还受本国竞争公司的定价策略的影响。

为了使问题简单化，我们假定 $d^*/(N + N^*) = 1$，使用方程（10.36）和（10.37），重新计算方程（10.29），得出下式：

$$EU(\Pi^P) - EU(\Pi^L) = 0.5U'(\mu-1)\bar{p}[1-\mu(\eta-1)(1-2fn)]\sigma^2 \tag{10.38}$$

这里的 $\bar{p}$ 是假定 $E(e) = 1$ 时公司的最优价格，$\bar{p}^P = \bar{p}^L = \bar{p}$。

通过对寡头模型的方程（10.38）和垄断模型的方程（10.32）相比较，可以发现本国份额 n 的大小对公司的定价策略有影响。这反映了对那家公司产品的需求会通过外国总价格指数受本国竞争公司的定价策略影响的事实。

方程（10.37）说明当 $\mu(\eta-1) < 1$ 时（利润函数在本国货币定价

---

① 因为外国的总需求被隐含地假定为 CES（不变替代弹性）函数，所以对公司 j 的产品的需求函数被定义成方程（10.35）。

② 为了确保对任何商品的需求量不会降到零的水平（即排除角点解的存在），我们需要假定对商品的需求价格弹性 μ 大于 1。假如真实的总需求是由 CES 函数决定的，那么需求的价格弹性 μ 就是竞争商品之间的替代弹性。

下是凸的），公司选择本国货币定价，和垄断模型结果一样。[1] 但是，当 $\mu(\eta-1)>1$ 时（利润函数在本国货币定价下是凹的），结果和垄断模型的不一样。只有本国的市场份额小于某一个特定的值 $\bar{n}$（$=0.5-0.5/\mu(\eta-1)$）时，才选择当地货币定价，如果该份额超过了 $\bar{n}$，就有三种可能的均衡：①所有的公司选择当地货币定价；②所有公司选择本国货币定价；③部分选择当地货币定价，剩下的选择本国货币定价。[2]

当 n 超过了 $\bar{n}$ 并且竞争公司相互合作时，它们偏好于选择本国货币定价。[3] 为了理解这点，考虑 $n=1$ 时的例子。这种情况下外国的总价格指数由本国公司定的价格决定。当涉及公司之外的公司选择本国货币定价时，这个公司面临对它的产品的需求随着汇率波动而变化的风险。然而，当这个公司选择本国货币定价时，由汇率变化造成的 P 和 p_j 的波动是一样的，于是比率 P/p_j 是常数。这样就消除了由汇率波动造成的对这个公司的产品需求的变动。相应地，当本国公司的市场份额很高时，通过所有公司的合作和选择本国货币定价可以最大化期望效用。[4]

2. 一般均衡方法

局部分析法只认为汇率波动是外生的和不确定性的。但是，更加严密的方法不能只把汇率波动当作直接的外生冲击，还应该考虑货币供应和生

① 这一点可以证明如下：假定 $\mu(\eta-1)<1$，当 f 和 n 都在 0 和 1 之间时，$-1\leqslant 1-2fn\leqslant 1$ 和 $\mu(\eta-1)<1$ 成立，这意味着 $1-\mu(\eta-1)(1-2fn)<1$，从而 $EU(\Pi^P)>EU(\Pi^L)$，即选择 PCP 。

② 假定 $\mu(\eta-1)>1$，如果 $f=0$（所有的公司选择 LCP），这时，$1-\mu(\eta-1)(1-2fn)=1-\mu(\eta-1)>0$，所以不等式 $EU(\Pi^P)<EU(\Pi^L)$ 成立，不管 n 的取值是什么，没有公司有动机选择 PCP。下一步，我们假定 $\bar{n}$（$=0.5-0.5/\mu(\eta-1)$），$\mu(\eta-1)>1$ 和 $n>\bar{n}$，在这些假定下，如果 $f=1$（所有公司选择 PCP），那么 $1-\mu(\eta-1)(1-2fn)>1-\mu(\eta-1)(1-2\bar{n})=0$，于是 $EU(\Pi^P)>EU(\Pi^L)$，没有公司愿意选择 LCP。最后，当 $f=\bar{n}/n$（$0<f<1$，即部分公司选择 LCP，剩下的选择 PCP 时，$1-\mu(\eta-1)(1-2fn)=0$ 和 $EU(\Pi^P)=EU(\Pi^L)$，这是，公司对于选择 PCP 还是 LCP 是无所谓的。所以，当 $\mu(\eta-1)>1$ 时，就有三种可能的均衡存在：①所有的公司选择 LCP；②所有公司选择 PCP；③部分选择 LCP，剩下的选择 PCP。

③ 这一点可以通过对所有的公司都选择 PCP 时的期望效用和其他情况下的期望效用进行比较而得到证明。

④ Bacchetta，van Wincoop（2002b）建立了一个有多个公司在外国生产中间产品，有多个公司在国内通过组装这些在外国生产的中间产品来生产最终产品的模型，来分析这些公司的定价货币选择。他们的结论是：和垄断模型一样，当生产最终产品的公司都选择 PCP 时，如果这些公司面临的竞争压力小（对这些公司的产品的需求价格弹性小），那么中间产品的出口商将会选择本国货币作为定价货币。在这种情况下，汇率对进口价格（Pass－through to ）的影响是100％，对消费者价格的影响是0％。

产的变化带来的外部冲击，以及通过汇率的内生变化使得经济对这些冲击的调整。这些冲击不仅使汇率变化，还会导致真实消费和其他宏观经济变量同时改变。

下面我们介绍使用一般均衡分析的两个模型：巴切塔、温库帕（2002a）以及德弗罗、恩格尔（2001）。①

（1）巴切塔、温库帕（2002a）。

为了找到选择定价货币的标准，巴切塔、温库帕（2002a）假定本国和外国货币供应量的变化是不确定的根源。然后把上面介绍的局部均衡模型通过增加一些假定扩展为一个两国的一般均衡模型。这些增加的假定是：①两国货币供应的变化是一样的；②货币的持有由交易付现限制（Cash in Advance Constraint）② 决定，两国的真实消费都随货币供应的变化而变化；③对各个产品的需求都受汇率变化和真实消费的影响，同时劳动的供应会随着对各个产品需求的变化而变化。在这个模型中，均衡的汇率由本国货币供应和外国货币供应的比率决定。

巴切塔、温库帕（2002a）使用上面的框架，通过比较名义工资刚性和真实工资刚性下 PCP 和 LCP 时的期望利润效用，来研究在本国货币和贸易对方货币之间进行的定价货币选择。

首先考察名义工资刚性的情况，结果和上面的方程（10.38）发现的标准几乎一样。③ 特别地，当 $(\mu-1)(\eta-1)<1$ 时，公司选择 PCP，然而，当 $(\mu-1)(\eta-1)>1$ 时，如果本国对贸易对方的出口份额很小，所有公司都选择 LCP，如果本国的份额足够大，有两个可能的均衡：①所有公司选择 PCP；②所有公司选择 LCP。甚至在有两种可能均衡的情况下，

① 这些一般均衡分析假定汇率制度是浮动的。

② CIA 约束意味着给定时期消费的商品是用那个时期所持有的货币购买的。

③ 作为对 Bacchetta，van Wincoop（2002a）建立的一般均衡模型扩展的结果，选择 PCP 的条件从方程（11.37）中的 $\mu(\eta-1)<1$ 修正为 $(\mu-1)(\eta-1)<1$，于是使所有公司选择 PCP 的 μ 和 η 的取值范围扩大了，即：假定本国货币贬值，当本国公司选择 PCP 时，它的产品会变得更有竞争力，需求会增加。同时，假如诸如外国货币供给减少之类的货币供给量的变化引起本国货币贬值，在 CIA 的约束下，外国的总需求将会减少。结果，由于这两种效果的相互抵消，对这个公司产品需求的负面影响将会被减轻。但是，当公司已经选择了 LCP 时，甚至在本国货币贬值的情况下它的产品的竞争力也不会变化，因此就没有什么东西可以抵消外国需求下降的影响了。所以，PCP 下汇率波动的负面影响可能要小于 LCP 时的负面影响，于是就扩大了选择 PCP 的参数范围。

作为对比，考虑本国货币供给量增加引起本国货币贬值的情况，在 LCP 下，产品在外国的竞争力不会变化，但是在本国的销售量会增加，然而在 PCP 下，由于产品变得更有竞争力和国内需求的上升，产品在国内和国外的销售量都会上升，所以，PCP 优于 LCP。

只要公司合作，就会选择PCP。于是，不管（$\mu-1$）（$\eta-1$）的取值是多少，本国的份额越大，就越有可能选择本国货币定价。

在真实工资刚性的情况下，名义工资和价格指数同比例变化，此时，国家的大小对定价货币的选择有巨大的影响。大国公司定价货币的选择策略和上面的名义工资刚性时的情况一样，但是，当大国公司选择本国货币定价时，小国公司更有可能选择当地货币定价。这种结果的原因是因为本国公司的产品在国内销售时使用本国货币定价，只要本国很大，本国的价格指数就几乎完全不会受外国出口价格的影响，于是，汇率波动就几乎对本国的价格指数没有影响。所以，假定商品价格是黏性的，大国的价格指数就和名义工资一样是黏性的。结果是大国的真实工资刚性时的定价货币选择几乎和名义工资刚性时的情况一样。相反，对于小国来说，当大国选择本国货币定价时，小国货币的贬值会引起小国价格指数的上升和名义工资的相应上升。于是，小国的名义生产成本上升。此时，如果小国已经选择了本国货币定价，大国对小国产品的需求会随着小国货币的贬值而增加。然而，由于使用小国货币衡量的每单位出口产品的名义收益不会变化，名义成本的上升将会减少利润。但是，当小国选择当地货币定价时，单位产品的名义收益会上升，于是利润不会像在本国货币定价时那样减少这么多。所以，只要大国选择本国货币定价，小国就会选择当地货币定价。

（2）德弗罗、恩格尔（2001）。

德弗罗、恩格尔（2001）建立了一个本国和外国货币供应变化不同的动态一般均衡模型来分析发达国家和发展中国家的不同定价行为。[①] 德弗罗、恩格尔（2001）的分析不是直接比较本国货币定价和当地货币定价的利润。他们集中分析一家公司作出和竞争公司一样选择的标准，此时，其他公司的选择都是一样的。他们发现本国和外国的公司都会选择货币供应变化最小的国家的货币定价。换句话说，当本国货币供应变化小时，本国公司选择本国货币定价，外国公司选择当地货币定价；当本国货币变化大

① Bacchetta，van Wincoop（2002a）和Devereux，Engel（2001）建立的一般均衡模型的主要不同之处在货币进入模型的方式不一样。前者使用CIA约束，而后者使用MIU（money in the utility function），结果，在前者，汇率表示为本国货币供给对外国货币供给的比例，而在后者，汇率不仅要受本国货币供给和外国货币供给的影响，还要受相对风险规避程度和本国及外国的价格水平的影响。于是，后者的货币供给对经济的影响要相对大于前者。

时，本国公司选择当地货币定价，外国公司选择本国货币定价。①

3. 定价货币选择的标准

（1）如果有第三国货币可供选择和当地货币定价不被选择，选择第三国货币和本国货币中与贸易对方货币汇率变化更小的那个国家的货币定价。

（2）产品差异化程度越高的国家的公司越有可能选择 PCP。

（3）本国产品在贸易对方国占的市场份额越大，本国公司越有可能选择 PCP。

（4）经济规模越大的国家的公司越有可能选择 PCP。

（5）当本国货币供应量的变化比外国的小（大）时，本国公司选择本国货币定价（当地货币定价）。

10.4.2 启示

从上面介绍的国际交易定价货币选择理论，我们可以把影响定价货币选择的因素概括为：汇率稳定性、产品的差异化程度、市场份额、经济规模和货币供应量的变化。所以，要促进人民币在国际交易中充当定价货币，就要从以下几个方面努力。

1. 保持人民币汇率的稳定

人民币汇率的稳定有利于其他国家的出口公司选择人民币作为定价货币。鉴于目前世界上的主要进口国（经济体）是美国、欧盟和日本，因此维持人民币和美元、欧元及日元汇率的稳定尤其重要。由于当前人民币的汇率制度是参考一篮子的有管理的浮动汇率制度，因此在人民币参考的一篮子货币中就应该扩大美元、欧元和日元的比例。

2. 提高我国出口产品的差异化程度

提高我国出口产品的差异化程度有利于促进我国的出口企业选择人民币作为定价货币。我们可以从以下几个方面增加我国出口产品的差异化：①改变我国出口产品的结构，减少初级产品和低附加值产品的出口，增加技术含量高、高附加值产品的出口，这些产品主要是机电设备等高科技的

---

① Devereux，Engel（2001）指出他们的结论对货币政策的执行有着重要的启示，即：货币政策可信度很高的国家的货币将会被外国的出口公司选择为定价货币，于是，汇率对那个国家的进口的影响就很小，本国价格也就更稳定。同时，对于那些货币政策可信度很低的国家的货币，外国的出口公司将会选择 PCP，汇率对那个国家的进口的影响就大，对本国价格的稳定构成威胁，关于这个话题详细的讨论见 Otani，Shiratsuka，Shirota（2003）。

产品和服务产品；②要求我国的出口企业打造出自己的品牌，走品牌化之路；③对以前的出口产品进行差异化改进，比如，可以进行功能、外形和包装等方面的差异化改进。

3. 扩大我国出口产品在外国的市场份额

一方面，政府可以考虑重点扶持某些出口产品的发展，先让我国的部分出口产品在外国占据很大的份额，挖掘出我国的某些具有优势的出口产品进行重点发展。我国有些出口产品已经在外国市场占据绝对的地位了，比如温州的打火机凭借其价格优势占据了欧美市场的主要份额。另一方面，可以考虑让我国的出口产品首先在某些国家（地区）的市场上占据优势地位，比如，首先让我国的出口产品在我国周边的某些国家（地区）的市场上占据优势地位。

4. 增加我国的经济总量在世界经济总量中的比例

因为经济规模的扩大有利于该国的出口企业选择 PCP，因此，我国应该确保在较长时期内实现经济相对较快的增长，使我国的经济总量占世界经济总量之比不断上升。

5. 稳定我国的货币供给量

考虑参照弗里得曼的“单一规则”实施我国的货币政策；加强中国人民银行的独立性；密切关注外国货币供给量的变化，努力使我国货币供给量的变化小于其他国家货币供给量的变化；增强我国货币政策的可信度。

11 人民币跨境流通的对策之二——增加既定规模境外人民币的净收益

11.1　增加既定规模境外人民币的总收益

根据我们在第二章的第二节对影响境外人民币流通总收益的因素的分析，可以得出扩大既定规模境外人民币的总收益的途径。

11.1.1　增加既定规模境外人民币铸币税收益的途径

在国际货币的三种职能（计价单位、支付手段和价值储藏）中，我们要扩大人民币在境外充当支付手段和价值储藏的职能；在支付手段和价值储藏的职能中，我们要重点扩大境外人民币在国际支付手段中的使用；人民币的国际支付手段分为国际交易的支付手段和外国境内交易的支付手段（替代货币），在这两者之中，我们要重点扩大境外人民币在国际交易支付手段中的使用。

11.1.2　增加既定规模境外人民币给我国带来宏观经济政策上的灵活性收益

首先要促进世界贸易和投资的发展；其次要提高人民币在国际货币市场上的地位。

11.1.3　增加既定规模境外人民币给我国带来交易成本下降的收益

1. 扩大我国的经济开放度

进一步扩大对外开放，大力发展我国的对外贸易，扩大我国的对外投资，大力吸引外资，鼓励我国的劳务输出。我国的进出口额在世界上虽然排名很靠前，但是我国人均贸易规模却不高，只有850多美元，而据世界贸易组织统计，美国是人均8 427美元，日本是人均7 136美元，韩国是人均7 920美元，所以，我们是规模的大国，却是人均的小国。在扩大外贸规模方面，我们还应该有所作为。

2. 改变我国进出口产品需求的价格弹性

海关统计专家分析：自2002年以来，我国对外贸易发展已经连续4年保持20%以上的高速增长，2005年继续稳居全球第3位。我国已经成为名副其实的世界贸易大国。但是，我国的进出口还存在很多问题：出口产品科技含量不高，大多是劳动密集型产品，附加值不高，在国际市场上的竞争力不强；同时，我国的进口具有刚性，很多进口的产品在国内没有相应的替代品。因此，我国出口产品需求的价格弹性很高，而进口产品需求的价格弹性很低，使我国的进出口商在国际市场上讨价还价的能力不强，影响了人民币的跨境流通给我国带来降低交易成本的收益。要改变我国进出口产品需求的价格弹性，就必须按照科学发展观的要求，加快外经贸增长方式的转变，注重优化出口商品结构。加强技术创新，加大对高新技术产品、软件和医药出口的扶持力度，促进机电产品和成套设备出口，推动加工贸易转型升级。支持具有自主知识产权和自主品牌的商品出口，提高出口商品的售价和附加值。支持深加工、精加工的农产品出口。同时，要减少我国对一些外国产品的过分依赖性，大力发展我国的科学技术水平，生产更多的能够对进口产品进行替代的产品。

11.1.4 增加既定规模境外人民币给我国创造的更好的国际交易环境的收益

首先，要加强我国“两岸四地”的经济贸易合作，促使“大中华经济圈”的形成；其次，要加强我国和周边国家的政治经济交流，扩大我国的边境贸易；再次，要充分利用已经建立起来的“东盟10+3”的合作框架，加强我国和“东盟10+3”其他成员国之间的经贸往来，提高我国和“东盟10+3”其他成员国之间经济上的相互依存性，我国要争取在“东盟10+3”合作框架中发挥主导作用；最后，要强化我国和美国及欧盟等世界主要经济实体之间的战略合作伙伴关系，加强政治对话，增强互信。

11.1.5 增加我国金融机构和金融市场的收益

我国金融机构和金融市场要从人民币的境外流通中获取更多的利益，我国的金融市场对外开放步伐就要加快。第一，要增强我国金融机构的实力，提高我国金融市场的效率，降低交易成本，增加投资品种，扩大二级市场的流动性；第二，要在政策上逐渐允许境外居民投资我国的金融市场，允许非居民到我国的金融市场进行融资。

11.2 降低既定规模境外人民币的总成本——降低人民币跨境流通的风险

11.2.1 防范人民币非法外流的对策

人民币非法流出的主要途径是毒品走私、跨境赌博和跨境“洗”钱。我们首先应该了解产生毒品走私、跨境赌博和跨境“洗”钱的根源在哪里，然后才能够找到制止人民币非法流出的对策。

1. 制止由毒品走私引起人民币非法外流的对策

走私分子之所以从事毒品走私是，因为进行毒品走私可以获取巨额利润。毒品走私之所以有巨额利润，是因为存在对毒品的大量需求。统计显示，全世界现有1.8亿吸毒者，全球毒品走私年交易额高达8 000亿至10 000亿美元，仅次于军火贸易。[①] 要抑制由毒品走私引起的人民币外流，第一，要摧毁毒品交易的市场。首先，要切断毒品的供给。我国政府要和国际社会加强合作，在国际范围内禁止制作毒品的原料生产，禁止毒品的生产和对毒品的运输、销售。其次，要铲除对毒品的需求。政府要加强对毒品危害的宣传，要丰富群众的文化娱乐生活，加大对吸毒者的惩罚力度。第二，要增加毒品走私的成本。严厉打击毒品交易，对毒品犯罪保持高压态势，令贩毒的成本等于倾家荡产和身家性命。

2. 制止由跨境赌博引起人民币非法外流的对策

跨境赌博产生的根源有四个：一是我国部分居民嗜赌成性；二是我国周边国家希望获得更多的具有外汇功能的人民币资金，对赌场的开设持默许和支持的态度；[②] 三是我国部分腐败分子获取人民币资金的成本很低；四是我国缺少合法的博彩行业。制止跨境赌博的对策是：第一，政府加大对赌博危害的教育宣传，呼吁全民反赌；第二，与我国周边国家政府加强沟通，呼吁其他国家的政府反对赌场的开设，共同禁赌；第三，加大我国

① 徐友龙. 中国禁毒之争趋向终结 [J]. 观察与思考，2004 (2).

② 值得注意的是，一些原来禁赌的东南亚国家，为了抢占中国人赌博这块大蛋糕，正在考虑修改法令，解除禁赌令，以吸引人民币流入本国。如，新加坡正在讨论是否解除对赌博的禁令；泰国、日本、印度尼西亚也在逐步放松或重新审查其禁赌法令；长期推行赌博合法化政策的菲律宾则试图保持其“领先地位”。

的反腐力度，对腐败分子加大惩罚，增加腐败分子跨境赌博的成本；第四，增加我国居民的投资渠道，国内的资本市场要增加投资品种，在适当时机允许我国居民投资境外的资本市场；第五，如果我国周边的国家继续对赌场的开设持默许和支持的态度，不肯与我国合作，那么我们可以考虑以其人之道还治其人之身，即为中国的博彩业立法，创建法律、法规、政府准入等严格规范下的内地博彩业，至少可以考虑允许我国内地居民参加我国澳门和香港的博彩活动，这样可以使我国的肥水不流外人田，博彩活动的税收流在国内，同时可以繁荣澳门和香港的博彩业，吸引更多的国际博彩资金到我国的澳门和香港，这样对发展澳门和香港的经济是有利的。

3. 制止由跨境“洗”钱引起人民币非法外流的对策

跨境“洗”钱产生的根源是我国存在数量不少的“黑钱”。我国的“洗”钱主要来自三个方面：黑社会性质的强取豪夺、贪污腐败的赃款和走私。要抑制境外“洗”钱，需要在消除“黑钱”生成基础上下功夫，即尽可能地从源头上消除非法收入。第一，需要建立健全市场经济的法律法规体系，规范市场秩序，严厉打击黑社会性质的有组织犯罪，建立繁荣市场经济的法律基础；第二，加快公共行政管理体制改革，尽可能将官员们手中掌管的人、财、物等资源的支配权、决策权交还给市场。凡是能用市场竞争机制解决的行政管理行为，都应严格遵照《中华人民共和国行政许可法》的要求，通过市场手段和行业中介组织等渠道解决。必须由政府或官员掌管和决策的公共资源，应制定出公开透明的管理法规和招标程序，从而在制度设计和制度创新上消除腐败生成的根基；第三，建立产权明晰的所有制体系和独立法人的治理结构，使社会财富、公共资源在法律规定和实际支配两者的结合上实现其明晰化和股份化，通过产权明晰的体制避免公共资源的决策权、支配权过多地集中在少数人手中，避免掌握公共资源的官员，利用手中的权力建立个人的关系网络，谋取个人私利；第四，在法律的规范下，允许民营股份制金融机构合法存在，变地下钱庄为地上的合法金融机构，消除黑钱境外转移的渠道；第五，完善国内的投融资体系，营建公平、公正、公开、透明、高效的投资环境，使国内大小资金投融资渠道畅通；第六，加大对走私的打击力度，增加走私的成本。

11.2.2 防范人民币跨境流通对我国资本项目管理不利影响的对策

我国目前对资本项目管理的目标是防止资本频繁的跨境流动对我国造

成的不利影响，现代经济学认为资本（主要是短期资本）的频繁跨境流动会影响货币政策的效果、对国内不成熟的资本市场造成冲击和容易发生资本外逃。对资本项目管理的方法是对资本的跨境转移进行审批和进行汇兑的限制。但是，目前人民币的跨境流通已经造成了资本事实上的跨境流动。事实上，只要资本项目开放和人民币的境外流通两个条件中有一个条件满足，资金就会跨境转移。政府可以根据本国经济的状况选择资本项目开放的进程，但是，人民币的跨境流通很大程度上是一个市场驱动的过程，政府是无法进行控制的。我国之所以一方面会出现政府对资本项目进行管制，另一方面又出现人民币的大规模境外流通，原因在于我国的经济和金融体系的发展不同步。一方面，我国的经济总量和国际贸易额等主要经济指标在世界上的排名不断靠前，人民币币值稳定且有持续升值的压力，导致境外对人民币的需求不断增加；另一方面，我国金融市场的发展相对滞后，国有银行由于历史的原因，存在大量的不良资产，商业化改革进展不是很顺利，我国的证券市场的发展也面临许多困难，甚至面临生存的危机。金融市场发展的相对滞后逼迫我国政府对资本项目进行管制。于是，人民币的跨境流通和我国对资本项目管制产生了严重的冲突，目前的人民币跨境流通有两个途径：首先，存在合法的人民币资金跨境流通，政府已经允许我国居民携带每人每次不超过 2 万元人民币出入境和允许人民币银行卡在境外使用；其次，存在各种非法的人民币资金跨境流通。合法的人民币跨境流通处于政府的监控之中，通过合法途径跨境流通的人民币资金数额不是很大，对我国经济的影响也是有限的，但是，人民币的非法跨境流通处于失控之中，而且数额可能很大。2004 年 12 月上旬，在一次由北京大学中国公益彩票事业研究所与澳门旅游博彩技术培训中心单位等联合举办的我国首个公开探讨博彩业的国际学术研讨会上，专家显示的数字为中国每年的赌资外流人民币达 6 000 亿元。这种数额巨大的地下人民币资金跨境流通对我国经济的稳定性产生了巨大的潜在威胁。

解决人民币跨境流通和资本项目管制冲突的思路是：一方面，要尽快创造资本项目开放的条件，主要是要加快我国金融市场的建设；另一方面，要利用市场机制引导人民币的有序跨境流通，使人民币跨境流通处于政府的监管之中。具体对策如下：

1. 尽快创造资本项目开放的条件

（1）加快国有商业银行的商业化改革，降低不良资产比率，提高资本充足率，降低银行经营成本，提高效率，加快银行的国际化步伐，开拓国际业务，加快金融创新，增加避险工具。

（2）加快我国证券市场的建设，进一步扩大证券市场的规模，提高上市公司的质量，增加证券市场的信息透明度，提高对上市公司的监管水平，保护中小投资者的利益，扩大政府债券市场，发展公司债券市场。

（3）加快人民币利率和汇率市场化改革的步伐。

2. 保持国内宏观经济稳定

通过人民币跨境流通的方式把大规模资金转移到境外，通常是由于境内宏观经济的不稳定造成的。如果境内外居民对我国经济未来发展预期悲观，出于保护自身利益的考虑，他们就会把自己的资金转移到境外。因此，要防止通过人民币资金流出方式的资本外逃，境内宏观经济的稳定非常重要。

3. 进一步放宽携带人民币现钞出入境的额度

携带人民币现钞出入境的额度太小是我国地下钱庄蓬勃发展的重要原因之一，进一步放宽携带人民币现钞出入境的额度，就可以减少人们对地下钱庄汇兑的需求，从而使更多的人民币跨境流通处于政府的监管之中。

11.2.3 减少人民币跨境流通对我国货币政策的影响的对策

人民币跨境流通会影响我国对货币供给量的控制；影响我国物价、利率和汇率的稳定；使我国的货币政策的制定和实施受到约束，因为要考虑我国的货币政策对境外有人民币流通的国家和地区的影响。随着人民币境外流通规模的扩大，这种影响会越来越严重，我们可以通过以下途径尽量减小这种不利影响。

1. 关注和监测境外对人民币需求的变动

随时跟踪监测境外对人民币需求的动向，了解境外对人民币需求的变动，以便我国的货币供给量及时进行调整。比如，当预测到境外对人民币的需求会增加时，我们就及时增加货币的供给；当预测到境外对人民币的需求会减少时，就及时减少货币的供给量。

2. 增加人民币汇率的弹性，以使人民币汇率及时调整至适当的水平

如果人民币经常处于被高估或者低估的状态，就会引起人民币投机资金的频繁跨境流通，这种投机性的人民币跨境流通除了会导致我国货币供给量的频繁波动，还很可能会导致人民币的汇率在短时间内做较大幅度的调整，对经济的冲击很大。

3. 增加人民币利率的市场化程度，人民币利率不能偏离世界主要国家

利率水平太远

如果官定的人民币利率水平经常偏离国际利率水平太远，就会引起套利性的人民币资金频繁跨境流通。

4. 扩大人民币资本项目开放的程度

我们在前面分析了人民币跨境流通在资本项目管制时会造成利率、汇率和国民收入的更大幅度的波动，所以，扩大人民币资本项目开放的程度就可以减小人民币跨境流通对我国的利率、汇率和国民收入的影响。

5. 适当控制国际储备水平和经常项目的剩余

当境外对人民币的需求持续增加时，人民币可能会处于持续的升值压力之中。特别是现在人民币的国际化处于起步阶段，今后境外对人民币的需求肯定是会不断增加的。如果我国的国际储备还像以前那样持续增加，外贸盈余也持续增加，人民币就可能会处于双重的升值压力之中，而人民币的持续大幅度升值是我国的经济很难承受的。

6. 提高我国出口产品的国际竞争力

由于人民币的跨境流通，今后人民币的贬值政策的使用会受到较多的约束，人民币不仅贬值有困难，而且还可能要持续地升值。因此，我国出口产品的竞争力很难通过人民币的贬值政策来实现，我们只有提高出口产品自身的质量来提高其国际竞争力。

11.2.4 减少人民币跨境流通使我国地缘政治关系恶化的对策

人民币境外流通影响了其他国家对铸币税收益的获取，因此可能会恶化我国和有人民币流通的国家及其他国际货币发行国之间的关系。避免这种关系恶化的对策是：

1. 使我国周边国家感觉到使用人民币对它们是有利的

只有当使用人民币的国家和地区感觉到人民币的使用是符合它们自己的利益时，它们才乐意接受人民币，不会觉得人民币在其国土内流通对它们是一种威胁，这样人民币的使用就会增加我国和周边国家和地区之间经济上的相互依赖性，政治上的互信也会增加。怎样才能使我国周边国家感觉到使用人民币是符合它们的利益呢？第一，扩大中国在东亚洲经济增长中的作用，增加东亚国家经济对我国的依赖性。首先，我国的经济要保持快速稳定增长，使我国在东亚地区发挥自动稳定器的作用（麦金农和施纳布尔，2003）；其次，使我国成为东亚地区的市场提供者，增加我国对东亚国家和地区的进口，积极推动“中国—东盟自由贸易区”的建设。第二，承担适当的国际义务，做一个负责任的大国。在亚洲金融危机中中国政府所做的人民币不贬值的政策承诺避免了东亚区域内部的竞争性货币贬值，稳定了投资者信心，刺激了国际资本重新流入东亚，带动了东亚经济的复苏，使人民币在东亚地区的公信力大大提高。今后随着人民币境外流通规模的扩大，我国的货币政策对周边国家和地区的影响会越来越大，我国货币政策的制定应该适当考虑其他国家的利益。第三，积极推动东亚区域内部经济的合作，争取使我国在东亚区域经济的合作中发挥主导作用。①

2. 加强我国和美国、日本和欧盟等国际货币发行国（组织）之间的经济联系

人民币境外流通对日本的威胁最大，因为人民币主要在亚洲流通，而日本一向把亚洲看作日元国际化的基地。要缓和由于铸币税竞争可能引起的政治紧张，最好的办法是加强我国和日本经济之间的联系。由于中日两国处在经济发展的不同阶段，两国在经济上是互补的，两国之间的贸易规模持续扩大，1997—2002 年日本向中国的出口由 5% 增加到 10%，从中国的进口由 12% 提高到 18%，增幅均为最高。2002 年，中国首次超过美国成为日本的第一大进口伙伴国（佐佐木仁，古贺优子，2003）。因此，中日两国经济存在相互依赖性，合作对双方都有利。经济上合作的加强必然会带来政治上更多的交流，因此可以消除由铸币税竞争造成的不愉快。

11.2.5 减少人民币跨境流通导致人民币伪钞增加的对策

首先，提高人民币防伪的技术，增加人民币伪钞制作成本；其次，我国政府和存在人民币流通的境外国家和地区的政府互相配合，在境外宣传人民币的防伪知识，共同打击人民币伪钞的制作和使用；最后，在人民币回流时加强检测，防止境外制作的人民币伪钞流入境内。

---

① 事实上，我国在这方面已经做了许多工作。亚洲金融危机以后，针对新的加强区域内成员政策协调的“东盟 10 + 3”合作框架，中国政府采取了积极支持的态度，并提出了许多富有建设性的提议，特别是自 2000 年 5 月签署的“清迈倡议”以来，中国已经先后在该协议框架下同泰国、日本、韩国签署了双边货币互换协议，并于 2002 年 10 月 9 日同马来西亚签署了单方面的互换协议，由中国人民银行作为提供互换行，参与美元对马来西亚林吉特的互换业务；2003 年又同日本、韩国、泰国等国家创建了“亚洲债券基金”。2002 年 11 月 4 日，中国与东南亚国家联盟（ASEAN）签署了《全面经济合作框架协议》，标志着“中国—东盟自由贸易区”即将启动，到 2004 年中期，双方将完成削减关税的磋商，在 2010 年前中国与东盟 6 个最发达的国家即文莱、印度尼西亚、泰国、新加坡、马来西亚和菲律宾建立一个自由贸易区。

11.2.6 减少人民币升值对输出人民币、使用美元结算造成损失的对策

日本金融机构在输出日元时，却以美元结算，结果日元的升值使这些金融机构遭受了严重的损失。日本之所以在输出日元时却以美元结算是因为美元霸权的存在以及对美国商品市场的依赖，日本不得不大量积存美元外汇储备，尽管它成为主要的债权国，但其资本输出仍要以美元为主进行结算。我国存在类似的问题，自1980—2001年，中国对美国的出口额在中国出口总额中所占的比重由5.4%提高到20.4%，而同期中国对日本、欧盟和其他国家与地区的出口比重均呈下降态势，这样，中国在对外支付、结算和外汇储备方面形成了一种依赖于美元的“自增强机制”，即越是以美国作为出口市场，越需要美元这种国际主导货币，就越难以摆脱对美元的依附。我国要成功地避免日本的命运只能靠渐进地实施“反美元化”政策，以逐渐稀释制度转型可能带来的风险。首先，我国要逐渐退出人民币钉住美元的汇率制度；[①] 其次，我国的外贸要实行多元化战略，避免对美国的过分依赖；最后，我国的外汇储备要多元化，逐渐减少美元的比例。

---

① 2005年7月21日，我国已经退出了钉住美元的汇率制度，实行参考一篮子货币的汇率制度。

12 结 论

（1）人民币是在1997年的亚洲金融危机之后才开始持续地在境外流通的。

（2）境外（香港）人民币的利率决定于在香港人民币市场上对人民币的需求和供给，香港人民币利率随着对香港的人民币资金的供给和需求的变动而变动。目前香港人民币的利率变动具有和一般离岸金融市场不同的特点，它们是：第一，香港人民币利率的变动主要取决于对人民币资金的供给，因为需求是很稳定的；第二，香港人民币利率的变动具有上下限，上限是中国人民银行深圳市中心支行支付给香港银行的同业利率减去香港银行经营人民币存款业务的可变成本，下限是内地银行的人民币存款利率减去套利成本。境外人民币汇率决定于境外对人民币的需求和供给。境外人民币汇率的变动具有以下的特点：第一，境外居民用外币购买人民币的汇率变动具有上下限，上限为内地外汇市场的银行用人民币兑换外币的汇率减去套汇成本，下限是内地外汇市场的银行用人民币兑换外币的汇率加上香港银行经营人民币兑换业务的可变成本；第二，引起境外人民币汇率变动的主要原因是：境内人民币汇率的变动、人民币资本项目的开放程度、人民币与外币的相对利率水平、国内资本外逃的数量和国际社会对人民币汇率的预期；第三，境外人民币汇率的波动幅度小，和内地人民币汇率水平非常接近；第四，境外人民币汇率偏离内地人民币汇率的变动主要反映了市场对人民币汇率预期的变动。

（3）人民币跨境流通的原因有：第一，人民币逐渐具有国际货币的一般特征；第二，人民币具有一些特殊优势；第三，具有制度上的原因。实证分析表明，影响人民币境外流通最重要的因素是我国的通货膨胀率，其次是我国的经济总量占世界经济总量的比率，最后是人民币的汇率水平。无论是长期还是短期，人民币汇率水平和我国的物价水平对人民币境外流通规模都有较大的影响，但是我国经济总量占世界经济总量的比率对人民币境外流通规模只有长期的影响，不存在短期的影响。

（4）人民币跨境流通对我国宏观层面上的正面经济影响有：第一，铸币税收入；第二，宏观经济政策上的灵活性；第三，为我国创造更好的国际经济交易环境；第四，政治上的权力和声望；第五，有利于加强我国“两岸四地”之间的经济贸易联系；第六，有利于我国产业结构升级和技术进步；第七，国内物价更加稳定；第八，有利于我国利率和汇率市场化的改革；第九，有利于香港经济的发展；第十，有利于我国边境地区经济的发展；第十一，推动人民币的完全可兑换进程。

（5）人民币跨境流通对我国微观层面上的正面经济影响有：第一，有利于我国外贸企业的发展；第二，有利于我国企业对外投资；第三，规模经济效应；第四，有利于我国金融机构的发展；第五，居民消费者的福利提高了；第六，一些从事人民币与外币汇兑的民间金融机构获利丰厚；第七，有利于我国的金融机构降低货币的流动性风险。

（6）人民币跨境流通对我国宏观层面上的负面经济影响有：第一，影响我国货币政策的独立性；第二，约束我国宏观经济政策的应用；第三，巨额人民币的非法流出对我国经济产生严重的不良影响；第四，境外人民币的利率和汇率会冲击境内人民币的利率和汇率；第五，影响我国国际收支的统计；第六，向其他国家提供外汇储备的负担；第七，人民币跨境流通会引起我国的利率、汇率和收入的频繁波动；第八，影响我国对资本项目管制的效果；第九，使我国的地缘政治关系恶化；第十，伪造人民币现象将更趋严重。

（7）人民币跨境流通对我国微观层面上的负面经济影响有：第一，企业经营环境恶化；第二，金融机构经营风险加大；第三，输出人民币的机构和个人面临亏损的风险；第四，投资境外证券市场的机构和个人面临很大的风险；第五，境内证券市场的投资者面临的风险加大；第六，从事边境贸易的企业面临假币的风险加大。

（8）人民币境外流通对我国经济的内部均衡既有有利影响，也有不利影响；人民币境外流通对我国经济的外部均衡只有有利影响，在境外流通的人民币中，通过非法途径流出的人民币占有一定的比例。

（9）扩大人民币境外流通规模的策略之一是：第一，继续保持中国经济在亚洲及世界上的较快增长速度；第二，保持人民币币值相对稳定；第三，积极创造条件，加快实现人民币的自由兑换；第四，大力推动我国银行的国际化；第五，加大我国的对外直接投资，逐步增强我国的国际投资地位；第六，大力发展我国的对外贸易；第七，大力发展我国的金融市场；第八，鼓励周边国家或地区使用人民币，必须解决人民币的回流问题；第九，解决人民币的汇款以及境外人民币的存款和贷款问题；第十，适时建立人民币离岸金融市场；第十一，加强亚洲国家之间的相互依赖性和区域内的合作；第十二，发行面额更大的人民币钞票；第十三，适当控制我国外汇储备的规模。

（10）扩大人民币境外流通规模的策略之二是：第一，使外国居民在境外遇见中国人的概率很大；第二，外国居民在境外遇见中国卖者的概率远大于遇见中国买者的概率。促进人民币在国际交易中充当定价货币的策略是：第一，保持人民币汇率的稳定；第二，提高我国出口产品的差异化程度；第三，扩大我国出口产品在外国的市场份额；第四，增加我国的经济总量在世界经济总量中的比例；第五，稳定我国的货币供给量。

（11）扩大既定规模境外人民币的总收益的策略是：第一，扩大境外流通人民币铸币税收益；第二，扩大境外人民币给我国带来的宏观经济政策上灵活性的收益；第三，扩大境外人民币给我国带来交易成本下降的收益；第四，扩大人民币境外流通给我国创造的更好的国际交易环境的收益。

（12）降低既定规模境外人民币的总成本的策略是：第一，防范人民币非法外流；第二，防范人民币跨境流通对我国资本项目管理的不利影响；第三，减少人民币跨境流通对我国货币政策影响；第四，减少人民币跨境流通给我国带来地缘政治关系恶化；第五，减少人民币跨境流通可能导致人民币伪钞的增加；第六，减少人民币升值对输出人民币、使用美元结算造成的损失。

参考文献

[1] 巴曙松. 香港：人民币离岸金融中心 [J]. 改革与理论, 2002 (7).

[2] 毕海霞. 警惕人民币国际化推进过程中的风险及防范 [J]. 现代经济探讨, 2013 (7).

[3] 陈彪如. 关于人民币迈向国际货币的思考 [J]. 上海金融, 1998 (4).

[4] 陈全功, 程蹊. 人民币国际化的条件和前景 [J]. 华中科技大学学报：社会科学版, 2003 (1).

[5] 陈适宜. 浅析人民币区域国际化的条件和利弊 [J]. 重庆石油高等专科学校, 2004 (4).

[6] 陈新峰. 规范人民币在港流通、适时建立人民币离岸金融中心 [J]. 黑龙江对外经贸, 2003 (10).

[7] 程恩富, 周肇光. 关于人民币区域化和国际化可能性探析 [J]. 山东财政学院学院, 2003 (3).

[8] 戴小平. 论人民币国际化趋势及其监管问题 [J]. 经济问题, 2003 (9).

[9] 邓承武. 中越边境地区人民币的流通特点及对当地经济金融的影响 [J]. 南方金融, 2005 (3).

[10] 顾海峰, 王倩. 人民币国际化的制约条件及实现路径研究 [J]. 金融理论与实践, 2012 (11).

[11] 关易行, 李永华. 对俄中边境贸易中人民币流通现状及对策 [J]. 中国外汇管理, 2002 (11).

[12] 国家统计局国民经济综合统计司. 新中国五十年统计资料汇编 [M]. 北京: 中国统计出版社, 1999.

[13] 国家外汇管理局哈尔滨分局课题组. 关于黑龙江省边境地区外汇管理和人民币境外流通情况的调查报告 [J]. 黑龙江金融, 2000 (9).

[14] 韩龙. 美元崛起历程及对人民币国际化的启示 [J]. 国际金融研究, 2012 (10).

[15] 何建雄, 余熳宁, 黄昊. 关于广西、云南与越、缅、老经贸关系及人民币境外使用情况的考察报告 [R]. 中国人民银行 2000 年调查报告.

[16] 何泽荣. 国际金融原理 [M]. 3 版. 成都: 西南财经大学出版社, 2004.

[17] 何泽荣. 入世与中国金融国际化研究 [M]. 成都: 西南财经大学出版社, 2002.

[18] 何泽荣. 现代货币银行学教程 [M]. 成都: 西南财经大学出版社, 1990.

[19] 贺玲, 徐景峰, 李晓艳. 我国人民币国际化问题探析 [J]. 经济问题探索, 2003 (11).

[20] 胡坚. 欣欣向荣的国际金融中心——香港 [M]. 北京: 北京大学出版社, 1997.

[21] 胡靖, 李小宁. 中国货币化进程的阶段性研究 [J]. 当代财经, 2002 (3).

[22] 胡宗义, 刘亦文. 人民币国际化的动态 CGE 研究 [J]. 当代经济科学, 2009 (11).

[23] 吉宏, 章希宁, 柯望. 人民币国际化的实施条件、环境约束及化解策略 [J]. 金融与经济, 2012 (11).

[24] 江涛, 等. 人民币跨境流通对资本项目管理的影响 [J]. 上海金融, 2004 (4).

［25］江涛，方天梯．人民币跨境流通对资本项目管理的影响［J］．上海金融，2004（4）．

［26］姜凌．人民币国际化——跨入新世纪中国金融业将面临的机遇与挑战［J］．金融与经济，1999（3）．

［27］姜凌．人民币国际化理论与实践的若干问题［J］．世界经济，1997（4）．

［28］金发奇．人民币国际化探讨［J］．四川大学学报：哲学社会科学版，2004（1）．

［29］康永信，孔凡匀．美元霸权体系下的人民币国际化问题研究［J］．云南财经大学学报：社会科学版，2012（5）．

［30］李翀．关于境外人民币利率的预研究［J］．广东社会科学，2002（4）．

［31］李翀．论境外人民币汇率的决定［J］．中国经济问题，2003（3）．

［32］李翀．论人民币的区域化［J］．河北学刊，2002（9）．

［33］李翀．论人民币国际化的路径和方法［J］．福建论坛：人文社会科学版，2013（3）．

［34］李翀．论英镑、美元和日元国际化对人民币国际化的启示［J］．贵州财经学院学报，2013（1）．

［35］李华民．人民币国际威望大大提高［N］．深圳商报，2002-11-04．

［36］李靖，等．人民币跨境流通的现状及其对中国经济的影响［J］．管理世界，2004（9）．

［37］李琪．人民币区域化与东亚货币合作［J］．金融纵横，2004（9）．

［38］李永和，朱建伟．对云南省边贸地区人民币流出流入情况的调查［J］．四川金融，1999（7）．

［39］李准晔．中国的货币化过程与通货膨胀［J］．宏观经济研究，1999（5）．

［40］刘力臻，徐奇渊．人民币非法流出的防范对策［J］．东北师大学报：哲学社会科学版，2005（3）．

［41］刘宗华，等．人民币境外流通问题研究［J］．山东财政学院学报，2003（4）．

[42] 刘颖. 对边境结算人民币流处流入的思考 [J]. 中国外汇管理, 2001 (11).

[43] 潘理权. 国际货币体系改革与人民币国际化 [J]. 华东经济管理, 2000 (8).

[44] 彭文生, 施燕玲. 港元的境外需求 [R]. 香港金融管理局季报, 2003 (3).

[45] RI 麦金农. 经济市场化的次序——向市场经济过渡时期的金融控制 [M]. 周庭煜, 尹翔硕, 陈中亚, 译. 2 版. 上海: 上海三联书店, 上海人民出版社, 1996.

[46] 人民银行乌鲁木齐中心支行调统处. 对新疆边境贸易和人民币境外流通的调查 [J]. 新疆金融, 1999 (7).

[47] 任玮. 人民币国际化的路径选择 [J]. 华南金融研究, 2003 (5).

[48] 邵鹤令, 夏辉. 香港: 呼之欲出的人民币离岸金融中心 [J]. 上海金融学院, 2004 (1).

[49] 沈国兵. 日元与人民币: 区域内货币合作抑或货币竞争 [J]. 财经研究, 2004 (8).

[50] 孙兆康. 人民币国际化的一种理论解释 [J]. 金融教学与研究, 1998 (1).

[51] 覃延宁. 中国—东盟自由贸易区与人民币国际化 [J]. 东南亚纵横, 2003 (5).

[52] 外汇局云南省分局课题组. 人民币周边流通分析 [J]. 中国外汇管理, 2001 (12).

[53] 王安兴, 孙琼. 货币替代、货币化过程与 货币流通量需求分析 [J]. 数量经济技术经济研究, 1997 (2).

[54] 王永茂, 卓星. 基于债权型货币错配视角探寻人民币国际化路径 [J]. 湖北社会科学, 2013 (7).

[55] 王元龙. 人民币国际化的顶层设计与推进策略 [J]. 金融与经济, 2013 (4).

[56] 香港外事部. 香港银行人民币业务概况 [R]. 香港金融管理局季报, 2005 (3).

[57] 谢平. 中国金融制度的选择 [M]. 上海: 上海远东出版社, 1996.

[58] 熊凌，孙轶佳，吕妍．在香港建立人民币离岸金融中心的利弊分析及有效途径［J］．经济论坛，2004（14）．

[59] 徐洪水．论人民币国际化——基于人民币周边流通的分析［J］．上海金融，2004（5）．

[60] 徐艳．人民币区域国际化的相关问题探讨［J］．长春金融高等专科学校学报，2003（3）．

[61] 杨帆．人民币与港币的关系［J］．财贸经济，1998（5）．

[62] 杨珍增，马楠梓．当前应该推动人民币国际化吗——基于货币国际化制度条件的反思［J］．南方经济，2013（7）．

[63] 姚崇毅，国世平．论亚洲金融危机后中国对香港经济的推动［J］．特区经济，1998（7）．

[64] 姚小义，钟心岑．跨境贸易人民币结算对人民币国际化的影响分析［J］．求索，2013（4）．

[65] 易纲．中国的货币、银行和金融市场：1984-1993［M］．上海：上海人民出版社，1996．

[66] 殷剑峰．汇率制度与跨国资本流动管理的配合——开放经济爆发金融危机的宏观制度背景［J］．经济研究，1999（12）．

[67] 余永定．再论人民币国际化［J］．国际经济评论，2011（5）．

[68] 张光平．货币国际化程度度量的简单方法和人民币国际化水平的提升［J］．金融评论，2011（3）．

[69] 张杰．中国金融制度的结构与变迁［M］．太原：山西经济出版社，1998．

[70] 张丽娟，孙春广．人民币在香港流通、使用情况考察［J］．改革，2002（5）．

[71] 张明，何帆．人民币国际化进程中在岸离岸套利现象研究［J］．国际金融研究，2012（10）．

[72] 张文佳．论人民币国际化的条件及进程［J］．经济问题探索，2013（7）．

[73] 赵海宽．应促进人民币成为世界货币之一［J］．财贸经济，2001（5）．

[74] 郑木清．论人民币国际化的道路［J］．复旦学报：社会科学版，1995（2）．

[75] 郑木清．论人民币国际化的经济效应［J］．国际金融研究，

1995 (7).

[76] 郑宁华. 人民币境外流通对西双版纳经济金融影响的分析 [J]. 四川金融, 1999 (9).

[77] 中国人民银行广州分行"东南亚及港澳金融问题"研究小组. 粤港澳三地货币跨境流通问题研究 [J]. 金融研究, 2002 (6).

[78] 钟伟. 略论人民币的国际化进程 [J]. 世界经济, 2002 (3).

[79] 周兴维. "一国两制"中的人民币与港币 [J]. 西南民族学院学报: 哲学社会科学版, 1997 (3).

[80] 周宇. 论人民币国际化的两难选择 [J]. 世界经济研究, 2012 (11).

[81] 周宇. 论人民币国际化的四大失衡 [J]. 世界经济研究, 2013 (8).

[82] 周元元. 人民币跨境流通对人民币国际化影响分析 [N]. 金融时报, 2005-06-06.

[83] the Secretary of the Treasury of the United States. The Use and Counterfeiting of United States Currency Abroad [R]. 2003 (3).

[84] PORTER, RICHARD D. Foreign Holdings of U. S. Currency [J]. International Economic Insights, 1993 (11/12).

[85] PORTER, RICHARD D, RUTH A JUDSON. The Location of U. S. Currency: How Much is Abroad? [R]. Federal Reserve Bulletin, 1996 (10).

[86] PORTER, RICHARD D, RUTH A JUDSON. The Location of U. S. Currency: How Much Is Abroad? [R]. Board of Governors of the Federal Reserve System, 1996 (4).

[87] WORLD BANK. China Reform of State - owed Enterprises. 1996 (6).

[88] KIYOTAKI, NOBUHIRO, RANDALL WRIGHT. On Money As a Medium of Exchange [J]. Journal of Political Economy, 1989 (8).

[89] LOPEZ, ROBERT S. The Dollar of the Middle Ages [J]. Journal of Economic History , 1951.

[90] MOTSUYAMA KIMINORI, NOBUHIRO KIYOTAKI, AKIHIKO MATSUI. Toward a Theory of International Currency [J]. Review of Economic Studies, 1993 (3).

[91] ROLNICK ARTHUR J, FRANCOIS R VELD, WARREN E WE-

BER. The Debasement Puzzle: An Essay in Medieval Monetary History [J]. Journal of Economic History, 1996 (12).

[92] SELGIN, GEORGE. On Ensuring the Acceptability of a New Money [J]. Journal of Money, Creditand Banking, 1994 (11).

[93] SUSSMAN, NATHAN. Debasements, Royal Revenues, and Inflation in France During the Hundred Years' War [J]. Journal of Economic History, 1993 (3).

[94] TREIOS, ALBERTO, RANDALL WRIGHT. Search - Theoretic Models of International Currency [J]. Federal Reserve Bank of ST. Louis Review, 1996 (5/6).

[95] TREIOS, ALBERTO, RANDALL WRIGHT. Search, Bargaining, Money, and Prices [J]. Journal of Political Economy, 1995 (2).

[96] VELDE, FRANCOIS R, WARREN E WEBER, et al. A Model of Commodity Money, with applications to Gresham's Law and the Debasement Puzzle [J]. Review of Economic Dynamics.

[97] BENJAMIN J COHEN. Is a Dollarized Hemisphere in the U. S. Interest? [OL]. http: //repositories. cdlib. org/gis/12.

[98] GEORGE S TAVALS. The International Use of Currency: The U. S. Dollar and the Euro [J]. Finance and Development, 1998 (7).

[99] the Secretary of the Treasury of the U. S. The Use and Counterfeiting of United States Currency Abroad [R]. Report of the Congress of the U. S, 2003 (3).

[100] AIYAGARI S RAO, NEIL WALLACE. Existence of Steady States with Positive Consumption in the Kiyotaki - Wright Model [J]. Review of Economic Studies, 1991 (10).

[101] BURDETT KENNETH, MELVYN COLES, NOBUHIRO KIYOTAKI, et al. Buyers and Sellers: Should I Stay or Should I Go? [J]. The American Economic Review, Papers and Proceedings, 1995 (5).

[102] HENDRY, SCOTT. Credit in a Search Model with Money as a Medium of Exchange. Manuscript, University of Western Ontario, 1992.

[103] KIYOTAKI, NOBUHIRO, RANDALL WRIGHT. A Contribution to the Pure Theory of Money [J]. Journal of Economic Theory, 1991 (4).

[104] LI YITING. Commodity Money Under Private Information [J].

Journal of Monetary Economics, 1995 (11).

[105] MATSUYAMA, KIMINORI, NOBUHIRO KIYOTAKI, et al. Toward a Theory of International Currency [J]. Review of Economic Studies, 1993 (3).

[106] OSBORNE, MARTIN, ARIEL RUBINSTEIN. Bargaining and Markets. Academic Press, 1990.

[107] RITTER, JOSEPH A. The Transition from Barter to Fiat Money [J]. The American Economic Review, 1995 (3).

[108] SHI SHOUYONG. Credit and Money in a Search Model with Divisible Commodities. Manuscript, University of Queens, 1995a.

[109] WILLIAMSON, STEVE, RANDALL WRIGHT. Barter and Monetary Exchange Under Private Information [J]. The American Economic Review, 1994 (4).

[110] ZHOU RUILIN. Currency Exchange in a Random Search Model. Manuscript, University of Pennsylvania, 1994.

[111] BACCHETTA, PHILIPPE, ERIC VAN WINCOOP. Theory of the Currency Denomination of International Trade [J]. NBER Working Paper No. 9039, National Bureau of Economic Research, 2002a.

[112] BETTS, CAROLINE, MICHAEL B DEVEREUX. Exchange Rate Dynamics in a Model of Pricing - to - Market [J]. Journal of International Economics, 2000.

[113] BRUNNER, KARL, ALLAN MELTZER. The Uses of Money [J]. American Economic Review, 1971.

[114] CHRYSTAL, ALEC K. Demand for International Media of Exchange [J]. American Economic Review, 1977.

[115] DEVEREUX, MICHAEL B, CHARLES ENGEL. Fixed vs. Floating Exchange Rates: How Price Setting Affects the Optimal Choice of Exchange - Rate Regime [J]. NBER Working Paper No. 6867, National Bureau of Economic Research, 1998.

[116] ENGEL, CHARLES. Optimal Exchange Rate Policy: The Influence of Price Setting and Asset Markets [J]. Journal of Money, Credit, and Banking, 2001, 33 (2).

[117] FRIBERG, RICHARD. On the Role of Pricing in a Third Currency

[J]. Working Paper No. 128, Stockholm School of Economics, 1996.

[118] FUJIKI, HIROSHI, AKIRA OTANI. Do Currency Regimes Matter in the 21st Century? An Overview, Monetary and Economic Studies, 20 (S-1), Institute for Monetary and Economic Studies, Bank of Japan, 2002.

[119] FUKUDA, SHIN-ICHI, JI CONG. On the Choice of Invoice Currency by Japanese Exporters: The PTM Approach [J]. Journal of the Japanese and International Economies, 1994 (8).

[120] GIOVANNINI, ALBERTO. Exchange Rates and Traded Goods Prices [J]. Journal of International Economics, 1988 (24).

[121] GOURINCHAS, PIERRE-OLIVER. Comments on " Expenditure Switching and Exchange Rate Policy" by Charles Engel//GRASSMAN, SVEN. A Fundamental Symmetry in International Payments Pattern [J]. Journal of International Economics, 1973 (3).

[122] KRUGMAN, PAUL. Vehicle Currencies and the Structure of International Exchange [J]. Journal of Money, Credit, and Banking, 1980 (12).

[123] LANE, R PHILIP. The New Open Economy Macroeconomics: A Survey [J]. Journal of International Economics, 2001 (54).

[124] MAGEE, P STEPHEN, RAMESH K S RAO. Vehicle and Nonvehicle Currencies in International Trade [J]. American Economic Review, 1980 (70).

[125] MATSUYAMA, KIMINORI, NOBUHIRO KIYOTAKI, et al. Toward a Theory of International Currency [J]. Review of Economic Studies, 1993 (60).

[126] OBSTFELD, MAURICE, KENNETH ROGOFF. Exchange Rate Dynamics Redux [J]. Journal of Political Economy, 1995, 103 (3).

[127] OGAWA, EIJI, TAKATOSHI ITO. On the Desirability of a Regional Basket Currency Arrangement [J]. NBER Working Paper No. 8002, National Bureau of Economic Research, 2000.

[128] OTANI, AKIRA. Pricing-to-Market (PTM) and the International Monetary Policy Transmission: The " New Open-Economy Macroeconomics" Approach [J]. Monetary and Economic Studies, 20 (3), Institute for Monetary and Economic Studies, Bank of Japan, 2002.

[129] DOBS ON W, MASS ON P. Will the Renminbi become a world

currency? [J]. China Economic Review, 2009 (6).

[130] KENEN P. Currency Internationalization - An Overview. Paper Presented at Bok - BIS Seminar on Currency Internationalization: Lessons from the Global Financial Crisis and Prospects for the Future in Asia and the Pacific. Seoul, Korea.

[131] ZHANG P, T CHAN. Chinese Yuan Internationalization and Financial Products in China, John Wiley & Sons.